# LES
# PROBLÈMES
## DE LA NATURE

PAR

## AUGUSTE LAUGEL

———————

### PARIS

GERMER BAILLIÈRE, LIBRAIRE-ÉDITEUR
Rue de l'École-de-Médecine, 17.

**Londres,** | **New-York,**
Hipp. Baillière, 219, Regent street. | Baillière brothers, 440, Broadway.

MADRID, C. BAILLY-BAILLIÈRE, PLAZA DEL PRINCIPE ALFONSO, 16.

1864

LES

# PROBLÈMES

## DE LA NATURE

# OUVRAGES DU MÊME AUTEUR.

ÉTUDES SCIENTIFIQUES. 1 vol. grand in-18 (Hachette), 3 fr. 50

SCIENCES ET PHILOSOPHIE. 1 vol. grand in-18 (Mallet-Bachelier), 3 fr. 50.

L. GRANDEAU et AUG. LAUGEL. REVUE DES SCIENCES ET DE L'INDUSTRIE, 1re année, 1862............... 3 fr. 50

L. GRANDEAU et AUG. LAUGEL. REVUE DES SCIENCES ET DE L'INDUSTRIE, 2e année, 1863............... 3 fr. 50

## EN PRÉPARATION.

LES PROBLÈMES DE LA VIE. 1 vol. grand in-18.

LES PROBLÈMES DE L'AME. 1 vol. grand in-18.

Paris. — Imprimerie de E. MARTINET, rue Mignon, 2.

LES

# PROBLÈMES

## DE LA NATURE

---

## INTRODUCTION

Un des symptômes les plus remarquables de notre temps, c'est la croissante popularité des sciences. Je ne parle pas seulement de l'admiration qui s'attache à leurs fécondes découvertes, de la reconnaissance qui est le prix de leurs services, chaque jour plus importants et plus nombreux : dans la popularité dont je parle entrent des sentiments plus délicats, plus désintéressés, un entraînement spontané vers des vérités qui jettent une couleur nouvelle etsur l'histoire du monde et sur celle de l'homme, le besoin de rafraîchir l'âme à des sources plus fécondes, le désir de renouveler ce fonds de croyances et d'idées qu'on pourrait appeler le capital intellectuel de la civilisation. Peut-être aussi, car il faut tout dire, un secret découragement se mêle-t-il parfois à ces

LAUGEL.                                           *a*

nobles aspirations ; peut-être un peu de fiel reste-
t-il au fond du vase où la nature nous verse ses breu-
vages nourrissants. Frappée dans ses ambitions, dans
ses espérances, dans son orgueil, l'âme se détourne
volontiers du présent et demande à l'éternelle en-
chanteresse le secret des choses éternelles. Elle n'en-
tend plus les voix grondeuses ou ironiques, les murmures confus de la servilité, les sanglots étouffés de
la souffrance, quand elle écoute cette musique des
sphères célestes qui charmait déjà Platon. Rien
n'éblouit, rien ne trompe plus des regards accoutumés à contempler la splendeur du vrai.

Les uns après les autres, les grands esprits qui
ont, qu'on me passe le mot, la fibre moderne, sont
venus sacrifier aux sciences. Quelques-uns, comme
M. Michelet et madame George Sand, à l'âge où l'on
peut se reposer dans la gloire, se sont remis à apprendre : après avoir fouillé si longtemps et en tous
sens le domaine de l'histoire et de la passion, ils
sont entrés dans le royaume toujours vierge de la
nature ; ils l'ont exploré avec une ardeur toute juvé-
nile et comme étonnés d'avoir si longtemps ignoré
et méconnu tant de merveilles. Je ne suis pas de
ceux qui blâment ou qui redoutent ces excursions un
peu aventureuses sur le terrain de l'observation et
de l'expérience. La science est invulnérable : si elle
peut dédaigner les coups de ses ennemis, pourquoi
redouterait-elle des embrassements trop passionnés ?

elle peut rester nue comme la vérité, mais ses nobles formes demeurent encore visibles sous la pourpre légère que l'imagination jette sur ses épaules. La poésie, si naturaliste déjà avec Gœthe, avec Byron, avec Lamartine, l'est devenue encore davantage dans les vers de Victor Hugo : elle a prêté une voix harmonieuse, non plus seulement à l'homme, mais à tout ce qui est vivant, aux mers, aux vents, aux étoiles et jusqu'à la pierre et au rocher.

La critique aussi a tendu la main à la science et lui a demandé des lumières nouvelles : elle consulte déjà la géologie, l'étude des races humaines, la géographie physique presque aussi souvent que l'histoire et la philologie. M. Taine a ouvert toutes grandes les portes du Panthéon littéraire à la physiologie, à l'ethnographie, visiteurs nouveaux et indiscrets qui ont porté témérairement les mains sur les gloires les plus respectées. La philosophie elle-même, après être restée longtemps enfermée dans le cercle sans issue d'une psychologie étroite, en est enfin sortie. Elle a repris les traditions abandonnées des Pascal, des Descartes, des Leibnitz, qui, bien loin de professer un ridicule dédain pour les sciences positives, se faisaient gloire de les cultiver et en sont restés les illustres représentants. On a vu nos philosophes modernes retourner à l'école, se familiariser avec les découvertes et même avec le jargon de la chimie, de la physique, de la médecine. Ils ont voulu toucher

de leurs propres mains ces armes redoutables, tant
de fois dirigées contre la métaphysique, et ils ont pu
s'assurer que l'acier, dont ils n'avaient jusque-là
senti que la pointe, n'était pas sans quelques défauts.
Dans les écrits de MM. Saisset, Janet, Vacherot,
Tissot, Bouillier et d'autres encore, la philosophie
n'abdique point ses antiques prétentions, elle demeure fidèle à ses croyances, mais elle s'instruit à
les mieux défendre. Elle sort de cette citadelle haut
placée où elle courait risque d'être réduite par la
soif et la faim, et fait de fructueuses sorties sur le
terrain de ses ennemis.

Mais pourquoi parler d'ennemis? quel esprit noble
et sérieux voudra consentir à admettre qu'il y ait
une hostilité nécessaire, un antagonisme fatal entre
les enseignements de la philosophie et ceux de la
science positive? Elles regardent le même objet, leur
point de vue seul est différent. Il n'existe ni deux
vérités, ni même deux méthodes pour découvrir le
vrai. La spéculation mentale n'est qu'une forme particulière de l'observation : car la logique n'engendre
point, ni ne crée les idées, elle les découvre seulement et les laisse voir. L'homme trouve en lui-même
et dans le monde les idées de l'infini, du temps,
de l'espace, de la force, comme le minéralogiste
trouve les métaux dans un minéral. La métaphysique
associe les abstractions, comme le chimiste marie les
corps simples.

On ne saurait extraire du premier terme d'un syllogisme plus qu'il ne contient implicitement : la dialectique soulève seulement le voile qui couvre un tableau, mais le tableau lui-même n'est pas son œuvre, et elle n'en peut altérer ni la couleur ni le dessin. Raisonner, en un mot, c'est observer les idées.

D'une autre part, l'observation des faits, l'observation scientifique n'a d'autre but que la découverte des lois générales, c'est-à-dire des fonctions idéales qui rattachent les divers éléments du monde phénoménal. Elle marche au hasard et se condamne à la stérilité quand elle ne s'éclaire point par quelque grande pensée : la méthode expérimentale ne joue point avec les faits comme la main distraite d'un enfant avec du sable ou des fleurs.

A quoi servirait-il d'accumuler, de provoquer les expériences, si l'on ne devait les résumer dans quelque vaste synthèse? quel sens auraient les classifications, si une pensée générale n'en traçait les cadres? C'est pour apprendre à lire qu'on se familiarise avec les lettres d'un alphabet. Ce que je poursuis dans les cornues des laboratoires, derrière les vitrines des musées, sur les feuilles des herbiers, dans les jardins zoologiques, ce sont des idées. Dans tout ce qui m'entoure, dans ce que je vois, ce que je sens, dans les spectacles d'un monde impassible comme dans les agitations passionnées de ma propre nature, je cherche un sens, une raison. Devant la pensée scientifique, il faut que le monde s'idéalise et prenne pour ainsi dire une âme.

Quand il a parcouru tous les cycles, tous les détours d'une science particulière, l'esprit en sort enrichi de quelques lois, qu'il doit apporter en tribut à la science des sciences, à la philosophie. Toute idée générale, toute formule compréhensive et féconde, appartient de droit à cette dernière. Elle devrait être pareille à ces navires qui vont sur tous les rivages se charger des trésors les plus variés : au lieu de cela, nous l'avons vue voguer solitairement sur une mer sans bords; en même temps, les sciences avares, retirées dans leur retraite circonscrite, semblaient vouloir garder pour elles tout le fruit de leurs découvertes. Pour ma part, j'ai été sans cesse de l'une à l'autre; une curiosité peut-être trop inquiète m'a conduit des mathématiques aux sciences physiques, des sciences physiques aux sciences naturelles; mais dans leur familiarité, je n'ai jamais senti diminuer ma respectueuse admiration pour la philosophie. Les formules du calcul différentiel ou de la mécanique, comme les merveilles du monde organisé, m'ont toujours ramené à elle. J'ai éprouvé un plaisir singulier à m'aventurer sur ces terrains vagues et sans limites précises qui séparent le domaine des sciences de celui de la métaphysique. J'ai suivi tant de fleuves différents et les ai tous vus se perdre dans le même océan.

A ceux qui aimeraient à s'égarer avec moi sur ces confins de la science et de la philosophie, j'offre ces pages, première partie d'une série qui, après les *Problèmes de la nature*, doit comprendre les *Problèmes de la vie*, puis les *Problèmes de l'âme*. Je ne vais point de l'homme au monde inorganique, je vais du monde inorganique à l'homme. Dans les *Problèmes de la nature*, je considère seulement l'univers comme livré aux forces physico-chimiques, sans m'occuper autrement de la vie que pour montrer son point de contact avec ces forces.

Dans mon analyse des phénomènes matériels, tout se trouve ramené à deux termes : la force et la forme. Je montre la substance livrée à l'action d'une force universelle et éternelle, et ses métamorphoses liées aux métamorphoses mêmes de cette force. Mais à côté de cette dynamique dont les principes commencent déjà à être assez assurés, la science doit chercher à tracer aussi les linéaments d'une esthétique. La force n'explique pas tout, elle modifie les formes, il est vrai, mais la forme a comme la force elle-même quelque chose d'absolu. Ces idées trouveront surtout leur application quand je m'occuperai des phénomènes du monde organisé : c'est là, en effet, que la forme joue le rôle le plus apparent et montre mieux la part d'indépendance qui lui est réservée.

J'ai évité de donner à ces études une forme trop

dogmatique : il m'eût été facile de présenter, sous
des contours en quelque sorte plus fixes et plus mé-
thodiques, les divers sujets que je traite. Si je ne
l'ai pas fait, c'est parce que je n'ai pas voulu rompre
l'harmonie qui doit toujours régner entre les idées
et leur représentation. N'ayant point, à vrai dire,
de système, il me répugnait de paraître systéma-
tique. Je dois l'avouer aussi, ce que j'ai toujours le
moins aimé dans les œuvres de certains philosophes,
de Spinoza, de Hegel, entre autres, c'est la forme
didactique de leur doctrine, découpée en théorèmes
et en scholies. La philosophie me semble trop à
l'étroit dans ces moules, où le génie grec avait enfermé la géométrie. Il ne faut pas qu'elle ait toujours
l'air de prouver. Les formules et les syllogismes sont
les échafaudages qui servent à bâtir un monument,
mais que, le travail achevé, on peut faire disparaître.

Dans ce premier volume, j'ai exposé la méthode
et le caractère des sciences. J'ai montré quelles difficultés elles rencontrent dans le choix de leurs mesures, dans la limitation de nos sens, dans l'infirmité
de notre intelligence, incapable de comprendre intui-
tivement les lois dont l'expression n'est pas réduite à
des termes fort simples. Il est également facile de
parler de la science sur le ton de l'apologie enthou-
siaste et sur celui du dédain : on peut s'extasier sur
ses brillantes découvertes, proclamer sa grandeur,
son infaillibilité, sa haute puissance, ou bien, saisis-

sant un à un les divers éléments de ses investigations, les soumettre à l'analyse et en montrer la fragilité, le côté insaisissable, le point toujours obscur. Je me suis tenu, autant que j'ai pu, entre ces deux extrêmes; j'ai cherché à faire dans toutes les sciences la part de l'absolu et la part du relatif. Je les ai dépouillées de ce qu'elles ont de tangible pour les montrer dans ce qu'elles ont d'idéal. J'ai ramené l'astronomie, la physique, la chimie à une dynamique universelle, et indiqué la parenté profonde et mystérieuse de toutes les lois scientifiques aujourd'hui connues avec les lois rationnelles et idéales du mouvement.

Quand la science a fouillé le monde entier par la pensée, pesé et mesuré les corps célestes, tracé leurs orbites dans le ciel, ramené à des lois générales l'infinie variété des phénomènes, et reconnu la corrélation de la gravité, de la lumière, de l'électricité, de la chaleur, du magnétisme, de l'affinité chimique, elle peut admirer dans l'être vivant le conflit dramatique des forces physico-chimiques et de cette force plus mystérieuse qu'elle appelle la vie ; renouer la chaîne brisée entre les formes organiques du temps présent et celles du temps passé; enfin, aborder les problèmes redoutables de l'origine des espèces et de la génération des individus. Mais alors même elle n'a pas encore accompli ses douze travaux, car c'est alors seulement qu'elle arrive au centre du grand

labyrinthe, au problème des problèmes. Je parle de
l'âme et de la pensée. Du fond de l'infini, elle est
revenue à l'homme, et en face de lui toutes ses con-
quêtes lui semblent inutiles, tous ses triomphes
vains. A quoi sert de tout comprendre, si l'on ne
se comprend soi-même? de tout savoir, si l'on
s'ignore?

Aussi rien n'est-il plus naturel ni plus légitime
que ce retour perpétuel de l'âme sur elle-même : on
a beau l'attirer, la distraire, la promener de monde
en monde, de merveilles en merveilles, elle laisse là
ces vains spectacles, et se contemple elle-même,
comme une femme qui, loin des regards, cherche
dans un miroir le secret de sa beauté. En nous-
mêmes est le verbe qui unit l'objet et le sujet, l'action et la passion, l'être et le paraître. La pensée est
une flèche qui sans cesse se retourne dans la bles-
sure qu'elle a faite.

Mais nous avons beau fermer les yeux sur l'univers, imposer silence aux passions, commander à
l'âme l'oubli des choses matérielles, nous plonger
dans la nuit sans étoile des contemplations idéales,
nous n'échappons jamais à l'action de ce qui nous
entoure; et quand nous aurions rompu tous nos liens
avec le dehors, nous garderions encore au dedans
tout ce microcosme qui compose nos organes, nous
sentirions s'accomplir ces fonctions d'où dépend
notre existence fragile et que la volonté ne peut un

seul instant interrompre. Dans notre individu remue une espèce, comme l'enfant dans les entrailles de la mère. Bien plus ! cette espèce porte en elle-même des formes naturelles encore plus générales ; nos fonctions spécifiques embrassent d'autres fonctions dont il ne nous reste qu'une conscience encore plus obscure et plus vague, quand elle n'est pas absolument effacée.

La psychologie voudrait trouver un point mystérieux, un centre où l'âme humaine, repliée sur elle-même, serait en quelque sorte son propre tout : elle ne lui offre point, comme certaines doctrines de l'Inde, la solitude dans l'oubli, dans l'anéantissement, mais elle veut remplir cette solitude de mirages enchanteurs, elle y veut laisser la conscience, l'activité, la puissance, le mouvement, la vie. Étrange ambition, qui jamais vraiment ne pourra être satisfaite ! Que deviennent, en effet, des facultés, quand elles n'ont plus occasion de s'exercer, une volonté que rien ne sollicite, une liberté qui n'a rien à choisir, une logique qui n'a pas de termes à relier ? Qu'est-ce qu'un roi sans royaume ?

La philosophie ne saurait découvrir le secret de la pensée humaine, en l'isolant de ce qui lui fournit ses aliments nécessaires : en observant le monde, la science n'y découvre pas seulement des faits, elle y trouve aussi une pensée ; sous la multiplicité des choses concrètes, elle suit des lois abstraites. Elle peut s'étonner qu'un spiritualisme avare dise à l'homme : « Il n'y a de pensée qu'en toi, ton âme est toute la loi, ta vérité est toute la vérité. » Elle ouvre au spiritualisme les espaces sans limites, elle lui livre la terre et les cieux et toutes choses créées, elle jette tout à ses pieds. Elle dit à l'homme : « Le monde t'appartient, mais tu appartiens aussi au monde, ou plutôt vous appartenez tous deux à Dieu. »

La philosophie de l'avenir ne séparera plus les études psychologiques des études scientifiques ; elle ne se détournera plus avec méfiance de la chimie, de la physique, de la physiologie : car si ces sciences à leur début ont pu servir la cause d'un matérialisme vulgaire, c'est que leurs découvertes n'avaient pas encore été poussées assez loin ou n'avaient été que mal interprétées par des esprits trop pressés peut-être de réagir contre l'ancienne métaphysique. Pour aborder l'étude des problèmes de l'âme, il y a déjà profit à s'armer des découvertes de la biologie. Sans doute, même avec cette aide, on n'avance encore ni bien vite, ni bien loin ; de toutes parts, on est arrêté par des problèmes. L'âme est-elle la même chose que la vie, comme l'ont prétendu Stahl et les animistes ? ou est-elle une force différente et hiérarchiquement supérieure ? Si c'est une simple force, est-ce une métamorphose des forces vitales, comme celles-ci seraient elles-mêmes une métamorphose des forces physiques et chimiques ? Doit-on y voir seulement la

résultante de toutes les forces qui travaillent harmonieusement à conserver l'être vivant? Comprend-elle
quelque chose qui n'appartienne pas seulement à
l'individu, mais qui soit propre à la famille, à la
race, à l'espèce humaine tout entière, ou peut-être
même à l'ensemble des êtres organisés? ou serait-
ce une puissance solitaire, enfermée dans l'homme
comme en une forteresse et dédaignant tout autre
séjour? Notre ambitieuse pensée n'a-t-elle aucun
lien avec ces opérations mystérieuses et pourtant si
bien réglées qui conduisent l'animal par l'instinct et
qui lui font accomplir méthodiquement son humble
destinée? Quelles blessures peut-elle recevoir des
troubles organiques, de la maladie, de la passion
déréglée, de la folie? que devient-elle pendant le
sommeil? où et comment l'âme prend-elle naissance dans l'embryon humain? quel est son sort,
quand la mort dissocie les éléments si longtemps
retenus dans un équilibre fragile et toujours changeant? Qui n'aimerait à résoudre tant de grandes et
redoutables questions, au fond desquelles s'agitent
toutes nos craintes et toutes nos espérances? Si elles
se posent à certaines heures devant les imaginations
les plus grossières, ne flottent-elles pas sans cesse
devant les esprits possédés de cette noble et doulou-
reuse curiosité qui reste notre plus beau privilége?

Ce n'est pas sans raison que j'ai mis le mot
de « Problèmes » en tête de ce livre. Que savons-

nous en effet, nous qui voudrions tout savoir ?
qu'avons-nous trouvé, nous qui cherchons toujours et sommes pareils à ces ombres qui erraient
éternellement sur les bords du Styx, sans être admises
à le franchir ? Il semble quelquefois que la vérité ne
nous attire plus près d'elle que pour mieux nous
repousser. N'importe ! notre devoir est de la poursuivre sans relâche, jusqu'à ce que les forces nous
trahissent et s'usent dans cette lutte inégale. Celui-
là sait en réalité le plus, qui se pose à lui-même
le plus de questions. Les armes bien trempées ne
restent pas dans le fourreau et doivent affronter
le choc des batailles. Il n'est point de plus haute
vertu que la sincérité, ni de plus rare. La science,
comme la philosophie, comme la religion, trop
souvent cherche à se tromper elle-même : elle
met trop aisément l'affirmation à la place du doute,
elle s'enivre de ses spéculations et de ses théories ;
elle prend les apparences pour les réalités. L'homme
a une telle soif de savoir, l'hésitation lui est si insup-
portable, qu'il embrasse les demi-vérités avec autant
d'ardeur que les vérités. Pour croire, il se persuade
qu'il croit ; il aime mieux discuter avec les autres
qu'avec lui-même. Il s'enivre d'erreurs et d'illusions ;
il sait qu'il n'a qu'un jour, et dans ce jour il veut
tout comprendre, tout épuiser ; à moins toutefois
qu'il n'impose silence à sa propre raison et que,
fermant toutes les issues de son âme à l'indiscrète

curiosité, il ne s'endorme dans la morne attente de l'ignorance. «*Solitudinem faciunt, pacem appelant.*» Ce repos absolu, en est-il beaucoup qui l'aient vraiment goûté? est-il facile de faire taire ces voix si douces qui nous éveillent dans la solitude et nous jettent dans un trouble qui n'est pas sans quelques charmes? Y a-t-il une foi qui ne soit pas consentie, et un consentement qui ne soit pas un effort? Je ne sais; mais si la confiance absolue, si la sécurité parfaite peuvent prendre racine dans le cœur des hommes, ce n'est pas chez ceux qui sont assez désintéressés pour aimer la vérité plus qu'eux-mêmes; ceux-là préfèrent les angoisses du doute à l'inertie de la pensée, comme les peuples virils préfèrent les luttes de la liberté au calme muet de la servitude.

J'ai trop conscience de la difficulté des problèmes que j'ai abordés pour ne pas livrer sans appréhension au public ces pages imparfaites. Mon hésitation redouble encore si je réfléchis que je les ai d'abord écrites plutôt pour moi que pour lui. En donnant une forme à mes idées, à mes doutes, à mes théories, j'ai voulu les faire sortir de ces limbes où meurent tant de pensées à peine écloses, et peut-être aurais-je mieux fait de les y laisser. Ces études ont été les sévères distractions de mes loisirs sur une terre étrangère. Puissent mes amis en France leur faire un accueil plus indulgent, en songeant que leurs conseils m'ont manqué, et leur présence, aussi précieuse que leurs conseils. Ils devineront, sans que j'aie besoin de le leur dire, pour tromper quels ennuis, pour étouffer quels regrets, je me suis imposé une tâche si au-dessus de mes forces.

AUGUSTE LAUGEL.

Richmond, 10 juillet 1864.

# I

## L'INFINI ET LA MESURE.

Toute science est le développement d'une idée particulière : pour se constituer, il faut qu'elle puisse en
suivre les détours, en pénétrer les profondeurs, en
saisir tous les linéaments ; il faut, de plus, qu'elle sache
conserver dans des symboles précis la trace de ses investigations. Ce n'est pas assez de voir, de contempler :
pour arriver à la vraie connaissance, il faut ordonner les
observations. Toute idée plonge par ses extrêmes dans
les deux infinis : dans l'infiniment grand et dans l'infiniment petit. L'esprit peut remonter et redescendre à
son gré cette échelle sans fin ; il ne connaît pas le chemin
qu'il a parcouru, si rien ne lui fournit une mesure. La
mesure est l'instrument nécessaire de toute science :
c'est par là qu'elle se distingue de la pure contemplation,
qui laisse passer le phénomène comme un rêve ; c'est
la mesure qui arrête et fixe la pensée, sans cesse ballottée
entre des abîmes.

Il est facile de montrer que l'entendement ne peut embrasser le monde extérieur que par un système perpétuel de comparaisons et de rapports, c'est-à-dire de mesures. Toutes nos notions de grandeur, de vitesse, de force, d'étendue sont relatives. Un enfant ouvre les yeux sur le monde, quelle est pour lui la borne de l'univers? c'est la ligne qui sépare, à l'horizon, le ciel de la terre; il se figure qu'en allant assez loin, il pourrait aller la toucher du doigt. Il apprend plus tard que cette ligne recule à mesure qu'on avance; il sait bientôt que cet horizon, qui d'abord lui bornait l'univers, n'entoure qu'une fraction extrêmement petite de la surface terrestre. Du sommet du mont Blanc, l'œil n'embrasse qu'un canton insignifiant du globe. Mais ce globe lui-même, qui est notre demeure et où s'agitent des millions de nos semblables dans quelques zones habitables et émergées de l'Océan, quelle place occupe-t-il dans le système planétaire? Au centre est cette sphère énorme, le soleil, dont la masse est 359 551 fois plus grande que celle de la terre. Nous occupons le troisième rang dans ce chœur de satellites solaires dont les derniers s'éloignent à d'inconcevables distances. Notre modeste orbite est enceinte par les courbes que décrivent Mars, Jupiter, entraînant ses quatre lunes à une distance cinq fois plus grande que celle qui nous éloigne du centre; Saturne, qui se tient neuf fois plus loin que nous; Uranus, dix-neuf plus lointain; le calcul mathématique enfin a été chercher à des distances trente fois plus considérables la planète Neptune, qui ne décrit sa révolution totale qu'en soixante mille cent vingt-cinq jours. Mais sont-ce là les bornes de notre système? Certaines comètes soumises à l'attraction solaire s'éloignent bien davantage, en décrivant leur ellipse allongée.

Si nous sortons du monde que la masse solaire maintient en équilibre, nous arrivons aux étoiles : et comment calculer leur distance? Les nombres qui l'expriment, d'après nos mesures terrestres, ne peuvent plus rien dire à notre imagination ; il faut changer de mesure ; pour arriver à des résultats comparables, il faut prendre, pour unité nouvelle, l'espace que la lumière traverse en une année, et l'on a calculé que la lumière parcourt 300 000 kilomètres en une seule seconde. Les rayons du soleil ne nous deviennent perceptibles qu'après un temps très-sensible ; ceux des étoiles doubles, dont les éléments ont été calculés, n'arrivent sur la terre qu'après un intervalle de plusieurs années. — Attachez un instant votre pensée à l'un de ces rayons, imprimez-lui cette formidable vitesse, et laissez-la fuir ainsi pendant une heure, un jour, un mois, un an, deux ans, vingt ans, cent ans ; où serez-vous arrivé ? Sans doute la conception d'une idée simple est indépendante de tout phénomène extérieur ; il faut avouer cependant qu'un phénomène pareil à celui que je viens d'indiquer, vient au secours de notre faiblesse, et supporte en quelque sorte l'imagination dans son prodigieux essor. La notion de l'infini n'a jamais pu changer, mais le monde paraît en réalité plus grand à l'homme, depuis qu'il en calcule mieux les dimensions et pénètre plus profondément dans les espaces qui l'entourent.

Tous nos efforts s'arrêtent bientôt devant les étoiles :

quelques-unes, par leurs légers mouvements, donnent encore une base, un élément aux calculs, mais les fixes ne nous apprennent plus rien ; leurs oscillations s'évanouissent à une distance indéterminée. Les soleils ne sont plus que des points qui parsèment l'immensité des cieux, et aux dernières limites, ils se pressent, s'accumulent dans les nébuleuses, dont une partie seulement se résout · sous les télescopes les plus puissants. La ceinture lactée, qui trace sa frange brillante dans notre nuit, n'est qu'une zone formée par des millions d'étoiles, et notre soleil qu'un grain parmi cette poussière de mondes. Au delà des nébuleuses résolubles, sont d'autres nuages, cosmiques vapeurs, où l'on ne distingue plus ni parties, ni formes distinctes; au delà enfin, vient la nuit, l'éternelle nuit : nous touchons l'infini.

Revenons d'un coup d'aile jusqu'à l'homme, néant placé au centre de cette sphère sans limites. Ce néant est pourtant à lui seul un autre monde : il est composé de parties, et chacune de ces parties présente une complication qui défie l'observation la plus minutieuse. Que l'on considère une des molécules qui la forment, et la pensée pourra la subdiviser encore; cette division n'a pas de terme logique, car si l'on imagine un atome élémentaire, je pourrai encore y supposer deux parts, à moins qu'il n'ait plus aucune dimension ; or il faut qu'il en conserve, puisqu'il provient de la subdivision d'une substance étendue. On descend ainsi par une échelle continue vers le néant, et ce n'est qu'après une infinité de subdivisions qu'on peut l'atteindre. Nous rencontrons ainsi l'idée de l'infini dans celle du néant, comme nous

rencontrons celle du néant en poursuivant l'infini,
parce que devant ce dernier tous les termes déterminés
disparaissent. L'homme n'est rien devant le monde ! où
gît donc l'idée de sa grandeur ? Et il faut remarquer
que cette proposition serait également vraie, si l'homme
était grand comme le soleil, ou réduit aux proportions
d'un moucheron. Il n'y a pas de grandeur en soi : nous
ne saisissons que des rapports.

Ce qui vient d'être dit de l'espace peut également se
dire du temps. Remontez le courant de l'histoire, recher-
chez les monuments les plus effacés de la main de
l'homme ; traversez quelques milliers d'années, et effor-
cez-vous de surprendre dans quelques débris grossiers
l'œuvre d'une race sauvage et primitive. Je vous con-
duirai bien au delà ; bien avant que l'homme, nu et sans
armes, ait commencé sa lutte contre la nature à la surface de notre planète, je vous la montrerai livrée à la
à la domination d'autres êtres ; j'en trouverai les restes
indubitables dans les lits des anciens océans, dans les
lacs desséchés ; m'enfonçant de plus en plus avant dans
les âges géologiques, je parcourrai tout le livre de la vie
dans ses caractères mutilés, mais encore lisibles, jusqu'à
ce que j'arrive à des temps dont les débris organiques
ont disparu. Les monuments grandioses de ces âges
lointains, rochers, montagnes et filons, ne nous parlent
plus que de forces physiques et chimiques, d'une terre
à peine refroidie et encore inhabitée. Où s'arrêter ?
Irons-nous, avec Laplace, jusqu'à supposer cette masse
revenue à l'état de vapeur cosmique, étendue au delà de
l'orbite de notre lune actuelle, qui n'en est qu'un débris,

prolongée davantage encore et fondue dans une vaste
nébuleuse, d'où les planètes sont sorties les unes après
les autres. Combien de siècles, d'âges, de périodes tra-
verserons-nous ainsi ?

L'idée du temps a, dans son infinité, quelque chose
de plus insaisissable que celle de l'espace, car le monde
nous fournit comme des jalons naturels pour nous
orienter dans l'étendue : le temps nous enveloppe et
nous use sans que nous puissions le comprendre.
Une coquille enfouie dans une des couches les plus
anciennes du globe révèle une antiquité bien reculée,
mais le défaut de limitation ôte à cette impression
toute force véritable. Les sensations personnelles nous
donnent seules conscience du temps, et combien ne
sont-elles pas fugitives, éphémères, variables ! Tous les
poëtes ont parlé de cette fuite du temps, courant qui
jamais ne s'arrête, et qui nous entraîne avec une puissance invincible, lien fugitif entre un passé qui s'en va
et un avenir qui n'est pas encore, passage entre deux
infinis, ou, si l'on aime mieux, deux néants. Les déno-
minations de temps long, temps court, n'expriment que
l'affluence plus ou moins rapide de nos propres pensées.
Elles sont longues les heures passées au chevet de ceux
que nous aimons, lorsqu'une sombre inquiétude nous
agite, quand le désespoir et la mort en comptent les
minutes solennelles, et emportent par lambeaux notre
dernière espérance ! Combien rapides et ailées, au contraire, semblent les heures, quand un plaisir pur et
sans remords, quand une action héroïque nous élève et
nous transporte ! Dans la vie humaine, les années s'éva-

nouissent comme les instants, et souvent un instant nous
vieillit de bien des années.

Qu'on fasse l'analyse de toutes les pensées humaines,
il n'en est aucune où le néant et l'infini ne se touchent,
ne se pressent, tenant notre faible âme en suspens,
dans un équilibre toujours instable. Nous ne pouvons
rien fixer, dire de rien : « Voilà le centre du monde. »
Nous vivons dans un tourbillon d'images, d'impressions,
de pensées, atomes flottants parmi les éternités. Je défie
qu'on découvre une idée qui n'échappe pas à la détermination, sitôt qu'on veut la saisir, la serrer de près, la
contempler en elle-même. Envisagez, par exemple, cette
idée en apparence si simple du mouvement; supposez-
vous entraîné avec un corps qui se déplace, sans rien
rencontrer sur votre route. Comment saurez-vous que
vous n'êtes pas en repos? Comment connaîtrez-vous la
vitesse qui vous entraîne? Repos, mouvement, sont deux
antinomies inséparables : il n'y a pas de mouvement
sans une tendance au repos. Dans le mouvement uniforme, la vitesse est constante, c'est-à-dire à l'état de
repos ; dans le mouvement uniformément accéléré, la
vitesse varie, mais le degré de sa variation ne varie pas;
l'accroissement ou ce qu'on nomme l'accélération de la
vitesse y demeure à l'état de repos. L'inertie se place
toujours à un degré quelconque, autrement on ne peut
se figurer aucun déplacement continu, il ne reste qu'un
trait qui échappe et parcourt l'infini dans un instant. Le
repos, d'un autre côté, n'est pas un état normal, stable,
naturel; ce n'est qu'un accident, ou, comme on dit
quelquefois, un cas particulier du mouvement. Qu'y a-t-il

en repos dans le monde? qu'on me montre un point
matériel qui ne se déplace? Un mouvement de translation
générale entraîne la terre; rien n'y est donc immobile,
pas plus le pôle que l'équateur. Le soleil tourne sur
lui-même et vogue vers les pléiades avec son cortége
de planètes tourbillonnantes. Les mondes stellaires gra-
vitent autour de centres qui eux-mêmes se déplacent.
Dans cette fluctuation éternelle, quel centre reste immobile? Mais faisons abstraction pour un moment de tous ces
mouvements généraux : il restera encore le mouvement
intime, la vibration atomique, cette sourde agitation qui
rend les corps lumineux, qui leur donne le degré de chaleur, l'intensité magnétique et électrique. Ce mouvement,
pour être insensible, n'est pas moins réel : il existe dans
la pierre inerte comme dans l'éther qui remplit les espaces interplanétaires. Mouvement et repos sont deux
termes corrélatifs, confondus dans un équilibre sans
cesse changeant.

Toute science paraît impossible, chimérique, quand
on envisage ainsi les idées dans leur essence propre,
quand on y entre comme dans un courant, sans plus
regarder les bords : l'esprit est bientôt entraîné sur
une mer sans rivages et sans horizon. Pour constituer
la science, il est nécessaire que l'homme fasse retour
à lui-même, et se munisse d'une mesure : celle-ci est
une partie du sujet choisie arbitrairement, mais qui
permet d'en comparer les diverses parties entre elles.
Prenons un exemple : une ligne idéale n'a pas d'extrémités, mais on peut y fixer deux points et nommer unité
de longueur l'espace linéaire qui les sépare. Pour me-

surer une longueur, on n'aura plus qu'à chercher combien de fois l'unité y sera contenue : on établira ainsi le rapport entre cette longueur et celle qu'on a choisie. La mesure s'exprimera par un nombre et le nombre lui-même représentera un rapport.

Propre à la mesure de l'étendue, du temps, des forces, le nombre en est une image abstraite et symbolique ; comme les rapports mêmes qu'il mesure, il se soutient entre l'infini et le néant, mais il permet à notre entendement de traverser cet abîme par des degrés régulièrement espacés, et aussi rapprochés que nous le voulons. Il ne faut jamais oublier que mesurer, c'est fixer simplement un rapport ; le choix de l'unité ne laisse aucune trace dans le résultat. Les lois déterminées par la science ont donc une réalité objective, bien que nous ne puissions y atteindre qu'à l'aide d'une opération, où la détermination toute subjective d'une unité devient nécessaire. C'est dans le choix de cette unité que gît la méthode scientifique : l'objet, saisi par la contemplation, par le sentiment, par l'aperception indivise, n'est pas connu scientifiquement.

On comprend sans peine que la perfection d'une science tienne surtout au choix de la mesure : la détermination en est facile, et s'impose en quelque sorte à l'esprit, quand il s'agit d'objets absolument simples, que la pensée isole aisément, du nombre, de l'étendue, du temps, du mouvement. C'est par là que s'explique la rigueur admirable des mathématiques ; elles embrassent un sujet où l'abstraction n'a conservé que des caractères déterminés. Mais dans les cas où la pensée

1.

ne peut choisir son sujet, il devient quelquefois impossible de trouver une mesure, faute de connaître suffisamment ce qui compose l'objet de la science, parce que la mesure doit en être une partie et en renfermer tous les attributs. La difficulté de constituer l'esthétique, par exemple, comme science, tient à un embarras de ce genre : nous n'avons aucune norme véritable du beau, parce que le beau ne nous est point connu par des caractères assez indépendants de nous-mêmes; il nous laisse une perception aussi nette, aussi vive que le temps ou le mouvement, mais nous n'y démêlons pas ce qui nous appartient et ce qui lui appartient : notre impuissance n'est point causée par le manque de définition; car on ne définit pas mieux la grandeur, l'espace, le temps; on ne peut pas dire qu'elle résulte de ce qu'il n'y a point de degrés dans le beau; nous avons le sentiment que ces degrés existent, depuis le sublime qui en est, pour ainsi dire, l'infini, jusqu'au laid qui en est le néant.

Il faut se résigner à l'admettre : pour certaines sciences nous manquons encore de mesure; l'esprit humain ne s'empare que successivement des diverses idées qu'il est apte à approfondir, et pour celles dont l'heure n'est pas venue, il doit se contenter de pressentiments et de vagues inductions. Pendant combien de siècles l'alchimie n'est-elle pas restée stérile, faute de pouvoir saisir dans son propre objet des rapports mesurables? Cet objet demeurait devant elle, comme un bloc de marbre devant le statuaire privé d'instruments. Le philosophe a de tout temps médité sur les éléments qui composent l'univers; il s'est demandé si ces éléments étaient simples, capables de se combiner entre eux, de quelle façon ces mélanges s'opéraient et donnaient naissance à tant de corps divers. L'affinité, cette force qui unit entre eux les éléments matériels simples, n'a pourtant été soumise à des mesures directes que depuis un siècle environ. Il ne suffisait pas de soupçonner, de comprendre que la matière revêt des états variés, sous lesquels elle jouit de propriétés spécifiques différentes; il fallait, afin de constituer une science, trouver un terme de comparaison facile et sûr pour mesurer les forces occultes qui unissent l'acide à l'alcali, le combustible au corps comburant, l'élément électro-positif à l'élément électro-négatif. L'alchimie ne connaissait que des corps, la chimie parvient à symboliser le jeu des forces naturelles dans les équivalents, les nombres; elle s'élève à la loi des phénomènes.

On peut, au lieu d'étudier les corps dans leur action mutuelle, chercher à en démêler les mouvements propres, à trouver le secret de ce que l'on nomme leurs propriétés physiques : ici encore, la mesure devient toute la science. Les sens ne nous apprennent pas assez sur ce point. Instruments à tant d'égards admirables, ils nous transmettent des sensations agréables ou pénibles, insuffisantes au point de vue scientifique. Il faut créer, de toutes pièces, des sens auxiliaires où s'impriment des résultats physiques mesurables. Nous sentons le chaud et le froid, mais ces impressions partagent trop de notre propre variabilité, changent avec l'heure, le jour, l'état de santé, l'âge, les habitudes, la latitude

géographique : nous avons besoin d'un autre thermomètre que notre propre sensibilité. La lumière qui
inonde le monde est pour nous une source perpétuelle
de jouissances toujours nouvelles et toujours variées ;
mais, si parfait qu'il soit, et précisément parce que sa
perfection lui permet de s'adapter aux circonstances les
plus variées, l'œil humain n'est pas un bon photomètre.
Organe d'une exquise délicatesse pour apprécier les
couleurs et les nuances, il ne saisit l'intensité des rayons
lumineux que par des contrastes vagues et généraux, et
les reçoit en quelque sorte avec indifférence, pourvu
qu'ils ne blessent pas trop vivement le nerf optique.
L'art a tiré parti de cette condescendance de notre
instrument visuel, car la peinture nous procure des
jouissances aussi grandes que le monde réel, bien que
l'intensité de la lumière soit dans tous les tableaux,
jusque dans ceux des plus brillants coloristes, étonnam-
ment inférieure à celle des sources lumineuses, même
les plus faibles.

A côté des agents, tels que la lumière et la chaleur,
que nous sommes capables de percevoir d'une manière
directe, bien que plus ou moins confuse, il en est d'autres qui ne produisent aucune impression physique
dont nous ayons conscience. Nous ne percevons par
des organes spéciaux ni l'électricité, ni le magnétisme ; nous sommes, à l'égard de ces mouvements
matériels particuliers, comme des sourds à l'égard du
son, ou des aveugles à l'égard des couleurs. On est
donc réduit à imaginer des appareils où ces mouvements se manifestent de façon à produire un résultat

que les sens puissent directement apprécier : il faut
s'ingénier à traduire en quelque sorte des lois matérielles dans un langage que nous puissions comprendre;
est-il étonnant dès lors que l'homme soit resté si longtemps ignorant de tout ce qui l'environne? La substance
ne se révèle à lui que par quelques intermédiaires,
serviteurs peu sûrs et peu obéissants. Ses observations
sont presque toujours, si l'on peut parler ainsi, de
seconde main. Tous les faits nous échapperaient si nous
ne mettions entre le phénomène et nous, ou s'il ne s'y
trouvait par hasard quelque chose dont le phénomène
dérange l'équilibre, et qui nous impressionne à notre
tour.

Si enfin on envisage cette partie de la substance
qui, outre les idées de nombre, de forme, de mouvement, éveille en nous celle d'une force intérieure,
qu'on l'appelle âme ou vie, l'embarras devient encore
plus grand. Cette force nous demeure inconnue dans
son essence, la définition d'une mesure semble impossible; nous ne réussissons à distinguer dans la
nature vivante que des individualités, sans pénétrer les
lois secrètes qui les unissent et qui, dans chaque individu, maintiennent l'équilibre et la solidarité des organismes. Aussi les sciences naturelles sont-elles restées
longtemps réduites à n'être que de pures descriptions, de
sèches classifications : nous rencontrons partout la vie,
dans les couches géologiques les plus anciennes où la
trace en est encore conservée, dans les eaux, dans les airs,
sur la terre, depuis les sommets neigeux du mont Blanc
jusqu'aux profondeurs les plus sombres de l'Océan. Mais

l'idée qui circule dans ces multitudes d'essais, d'images et de types, qui l'a jamais saisie? Le sens caché et profond de cette langue, dont les caractères changent avec les âges, qui l'a jamais compris? Du sommet de la création qu'il domine, l'homme, âme intelligente et libre, jette un regard sur son vaste royaume, mais il ne sait où chercher les liens par lesquels il se rattache à ce qui l'entoure, et au milieu même de la richesse et de la multitude des êtres, il se trouve isolé et séparé de toutes choses par les abîmes de sa pensée solitaire.

# II

## LE NOMBRE ET LA FONCTION.

C'est dans la définition et la découverte d'une mesure que gît toute science, parce que toute mesure est une partie même du sujet que l'esprit humain cherche à analyser. Elle en comprend toutes les qualités, toutes les propriétés ; elle est l'intermédiaire qui nous sert à étudier dans ses parties diverses et pour ainsi dire de proche en proche, un ensemble de phénomènes que nous ne pouvons saisir dans leur infinité. Le développement logique des sciences s'explique par la facilité plus ou moins grande que trouve l'esprit humain à dégager dans l'être, dont les manifestations nous environnent, les caractères susceptibles d'être mesurés, et par là même, analysés.

Les images, les formes, les objets qui nous entourent, par cela même qu'ils ne sont que des parties de l'être infini et universel, ne sont pas les représentants d'une idée unique ; ce sont, pour emprunter un terme heureux des géomètres, des fonctions de toutes les idées, qui

composent ce qu'il y a d'un, d'éternel, de constant, de
divin, dans la variété et l'instabilité des apparences phé-
noménales. Nous n'atteindrions jamais à la vraie science,
si nous voulions pénétrer ces idées toutes ensemble, les
saisir dans leur harmonie complexe ; il faut apprendre
à les connaître une à une et les dégager par l'abstraction
du milieu où elles se trouvent mariées. Le monde est
une synthèse ; la science, une analyse.

Prenons l'homme, terme le plus complexe de la
création ; nous pouvons y étudier le mouvement, l'effet
du temps, la forme, la variation, les actions physiques,
chimiques, la vie, la pensée ; mais dans ce microcosme
tout se mêle et se combine. C'est une mer où descendent
les eaux de mille fleuves différents. Aussi la science n'a
pu débuter par l'homme, elle a dû chercher des objets
où les phénomènes fussent plus isolés : l'homme, assurément, est pesant au même titre que la lune ou le
soleil, mais pour l'astronome, la lune et le soleil ont
l'avantage de se définir et de se manifester surtout par
la pesanteur : cette qualité physique s'y isole d'une
façon commode à l'observateur. Une première science
constituée, les autres deviennent plus faciles, parce
qu'un élément peut déjà être éliminé dans les objets
soumis à l'examen : c'est ainsi qu'une filiation naturelle
a poussé l'esprit humain de l'étude des idées les plus
simples à l'étude des fonctions complexes où toutes les
idées se résument et se confondent.

Toutes choses se mesurent naturellement par elles-
mêmes, le temps par le temps, la longueur par la longueur, le volume par le volume. Ces comparaisons

s'établissent par de simples rapports, et l'étude de ces rapports constitue une science tout idéale, étrangère au monde phénoménal, où rien n'est isolé ; la science des nombres, des grandeurs, la géométrie statique, envisagent des éléments que rien d'étranger ne modifie ; elles étudient la quantité en soi, la forme en soi, le rapport en soi : comment a-t-on pu les considérer comme les sciences positives par excellence ? Elles sont, sans doute, à l'abri du doute et de l'erreur, par la raison qu'elles ne font que développer une suite indéfinie d'identités, mais il n'est pas besoin, pour qu'elles soient vraies, que nous trouvions leurs formules manifestées dans les faits.

Les choses, ai-je dit, peuvent se mesurer par elles-mêmes, elles peuvent aussi se mesurer les unes par les autres ; et c'est à ces dernières mesures que doit s'appliquer véritablement le nom de science *positive*. Dire que le temps peut se mesurer par l'espace, et l'espace par le temps, c'est affirmer qu'il existe entre ces éléments un lien, que l'un est fonction de l'autre, c'est implicitement proclamer que le monde n'est pas une œuvre de hasard, que c'est une œuvre gouvernée par des lois, une œuvre pensée.

La science, en tant qu'elle n'envisage que des éléments isolés de l'objet, peut être nommée *statique ;* en tant qu'elle compare les éléments et cherche comment les variations des uns déterminent les variations des autres, elle est *dynamique*, car elle représente alors le mouvement même des choses, et les suit dans leur développement. Cette distinction fondamentale permet de classer

les connaissances humaines en deux catégories bien
nettes et en montre aussi le point de contact : le *nombre*,
ou rapport invariable, la *fonction*, ou rapport variable,
résument en deux mots les deux faces de la science.

La recherche des causes, des fonctions, des forces, ne
peut être abordée que si l'on a déjà reconnu isolément
les éléments dont on veut rechercher l'action mutuelle ;
pour savoir comment, dans un mouvement donné, la
variation du temps est liée à la variation de l'espace, il
faut savoir d'abord ce qu'est le temps et ce qu'est l'espace. L'idée d'identité est antérieure à celle de causalité,
comme l'idée de l'être à celle du devenir ou du développement.

Le point de départ logique des sciences, comme celui
de la philosophie, est donc l'idée de l'être en soi : seulement tandis que la philosophie en envisage l'expression
la plus générale, la science la subdivise, ou plutôt la contemple de préférence par certains côtés. L'être en soi est
identique avec lui-même et ses diverses parties n'ont entre
elles que des rapports simples ou de quantité, expri-
mables par les nombres. Aussi la science des nombres est-
elle un symbolisme exact de la métaphysique : on ne peut
dire qu'elle soit uniquement empruntée au monde phénoménal ; un enfant aperçoit une pomme, puis une autre
pomme, puis une troisième, il acquiert ainsi l'idée de
l'unité et de la pluralité ; mais la raison dépouille promptement ces idées de toute objectivité concrète ; elle envisage les nombres comme simples rapports entre des
objets identiques en nature, mais variables en quantité.
Si les écoles matérialistes prétendaient que le monde

extérieur nous fournit tous les éléments de l'arithmétique, on pourrait leur demander où celle-ci a trouvé le
zéro, qui est nombre au même titre que 1 ou 36 ? Zéro
est même, si l'on peut dire ainsi, le centre de la science
des nombres : c'est la source imperceptible d'un fleuve,
qui grossit et s'étend sans plus avoir de limites.

Si nous envisageons les nombres comme représentant
la quantité en soi, zéro est la non-quantité, d'où par des
accroissements successifs sortent toutes les quantités ;
c'est le non-être de Hegel qui, par le devenir, se convertit en être. Si nous regardons les nombres comme
des rapports, zéro est le rapport du fini à l'infini, or le
monde externe ne nous montre que l'indéfini, la pensée
seule peut concevoir l'infini. La science des nombres est
donc une science tout idéale ; elle ne prend dans le
sujet qu'un élément, la quantité ou le rapport.

Dans une application quelconque de la science des
nombres, dans une mesure de rapports, le choix de
l'unité est facultatif : dans l'arithmétique pure, l'unité
n'ayant rien de concret, ne peut changer, et ne représente qu'un rapport de quantités identiques, quelles que
soient d'ailleurs ces quantités. Si, pour faciliter le travail
de la pensée, nous nous représentons les nombres placés
en série à des distances égales, tout le long, par exemple,
d'une ligne droite qui va jusqu'à l'infini, nous pourrions
à volonté modifier l'éloignement des points où seront
fixés les divers nombres, pourvu que ces distances demeurent identiques entre elles ; l'unité se rapprochera
ou s'éloignera de zéro sur cette échelle ; mais quand on
cesse de donner aux nombres une place ou une repré-

sentation matérielle, ces fluctuations ne sont plus possibles et les nombres se trouvent en quelque sorte fixés dans leur signification purement abstraite. Un véritable abîme sépare l'unité de zéro, et se creuse de même entre tous les nombres successifs.

Quand on conçoit ainsi la quantité ou le rapport isolé, on ne passe plus d'une de ses déterminations à une autre que par une variation, un mouvement : on sort de la statique, on entre dans la dynamique. On peut imaginer qu'un rapport s'accroisse, par degrés insensibles, mais ce n'est qu'en admettant une succession de moments, qu'en soumettant l'idée de rapport à celle de variation. Toutefois à un moment donné, toutes choses étant en quelque sorte fixées et bornées les unes par les autres, elles ne peuvent avoir que des rapports déterminés. Ce que nous recherchons dans le monde, dans le flot toujours mouvant des phénomènes, c'est ce rapport qui à tout instant résulte de la nature même des choses, c'est une loi dont les effets se modifient, mais qui reste pourtant identique avec elle-même, c'est en un mot l'idée dont les phénomènes ne sont que l'image sans cesse modifiée.

# III

## LE DÉVELOPPEMENT.

J'ai distingué les sciences en statiques et dynamiques ; les premières, nommées bien à tort *positives*, étudient le nombre, la forme, l'être immobilisé en quelque sorte dans un attribut idéal, unique, sans lien avec d'autres attributs. Dès qu'on se place en face d'une dualité d'attributs, qu'on en recherche les rapports cachés, on touche à une dynamique, on suit le mouvement des choses, leur développement, ce que les Allemands ont appelé le *devenir*. Mais, qu'on le remarque bien, ce que poursuit la science dans l'étude du développement, c'est quelque chose qui préside à toutes les phases du développement, et qui, dans son essence, demeure permanent. Un globe qui sans cesse se gonfle ou se dégonfle, reste cependant un globe ; la pierre lancée en l'air obéit à la même force au moment où elle cesse de s'élever et commence à tomber, que dans l'instant où elle vient violemment frapper la terre. Ce que nous cherchons, sous la multiplicité des figures, des vitesses, des images, des grandeurs, c'est quelque chose de fixe, d'éternel, d'achevé.

Avant de se perdre dans la confusion des phénomènes terrestres ou célestes, la science est libre de créer toute une dynamique idéale, en associant les éléments de la statique. Les idées de nombre, d'espace, de forme, de temps, de force, servent de fondement aux hautes mathématiques, qui, dans le domaine presque indéfini qui leur est ouvert, embrassent des combinaisons dont la nature ne nous offre qu'un nombre assez restreint de représentations. L'étude des sections coniques donne aux géomètres toutes les courbes que suivent les corps célestes, planètes ou comètes ; mais la fantaisie des géomètres peut créer des mondes assujettis à de bien autres vicissitudes !

La dynamique idéale est en quelque sorte le miroir des choses *possibles ;* elle embrasse une infinité de lois que nous ne voyons jamais appliquées autour de nous, mais en nous familiarisant avec l'idée même de la *loi*, c'est-à-dire de la liaison mutuelle des éléments de l'être, elle peut justifier cette parole hardie de Hegel : « Tout ce qui est réel est rationnel, tout ce qui est rationnel est réel. » Il semble impossible en effet que, dans une partie de ce monde sans bornes où nous sommes perdus et comme anéantis, une loi quelconque saisie par notre intelligence puisse demeurer sans application.

Les sciences mathématiques et les sciences d'observation suivent donc deux carrières parallèles : tandis que les premières créent une sorte de monde idéal, rationnel, dont la structure est formée par quelques éléments extrêmement simples, susceptibles de mesures précises, les secondes recherchent si les lois générales découvertes dans ce monde idéal ne trouvent pas une application dans les phénomènes du monde réel. Elles poursuivent, sous l'infinie variété des apparences, quelque chose qui soit une norme, une règle. Les sciences mathématiques, en définissant leur propre objet, rejettent nécessairement les incertitudes, les approximations ; dans la nature, au contraire, tout est flottant, mobile ; l'observateur n'est jamais certain d'embrasser tous les éléments d'un problème : il faut qu'il apprenne à distinguer dans chaque phénomène les traits les plus larges, les plus généraux des traits accidentels. Les vagues qui sans cesse ondulent sur les mers, n'empêchent point l'astronome d'en considérer la surface comme parfaitement sphérique. Quelle différence n'y a-t-il pas pour un observateur vulgaire entre le cerveau d'un mammifère et une simple vertèbre de l'épine dorsale ? et pourtant l'anatomie moderne a démontré que le cerveau n'est qu'une vertèbre amplifiée. Dans un concert d'instruments, les oreilles peu familiarisées avec la musique ne saisissent d'ordinaire que les notes les plus aiguës et suivent seulement le chant sans percevoir distinctement les basses qui servent en quelque sorte de soutien à tout le reste, qui maintiennent la mesure et définissent le rhythme. De même l'observateur vulgaire n'est frappé que de la superficie des choses, il n'en cherche point la trame la plus profonde : il ne sait point regarder avec les yeux de l'esprit. L'ignorant qu'on promènerait dans toutes les régions du monde, sur les continents et sur les mers, sous les tropiques et près des pôles, au sommet des montagnes et à travers les plaines, en saurait moins long sur la géographie, sur

la véritable forme de notre planète, que l'écolier habitué
à manier un globe terrestre.

Plus on s'est élevé haut dans l'étude des sciences, plus
la variété s'efface dans la simplicité : de même les
détails d'un paysage se fondent dans l'éloignement. Il y
a un point d'où le monde semble en quelque sorte trop
uni, trop nu ; que reste-t-il devant les regards de l'astronome ? Quelques points tourbillonnants dans l'espace
vide et infini ; que mesure-t-il ? une seule force, la gravité. La majesté, le silence, la paix des nuits étoilées
réveillent, chez ceux mêmes qui n'en comprennent pas
les mystères, je ne sais quel sentiment de l'inflexibilité,
de l'éternité de la nature, mêlé d'une sorte de religieux effroi. Mais la monotonie de la création ne frappe
pas seulement celui qui ne perçoit plus dans la matière
que l'effort solitaire de l'attraction, elle se révèle aussi
à celui qui voit aux prises dans la nature organisée toutes
les forces que la science peut évoquer. Avec quel étonnement la physiologie moderne n'a-t-elle pas découvert
que, si divers qu'ils soient à l'âge adulte, les êtres traversent pourtant des phases embryonniques toutes semblables ? Tant de branches divergentes sortent du même
tronc. Quelques restes fossiles que découvre la paléonto-
logie, soyez sûrs qu'ils prendront naturellement leur
place sur cette échelle hiérarchique où les rangs sont
déjà si pressés. Cette force mystérieuse que nous nommons la vie est partout identique avec elle-même. Que veut
dire Geoffroy Saint-Hilaire en parlant de *l'unité de plan
organique* de la création, sinon que la création est le
développement d'une pensée, d'une loi ?

La découverte des *lois*, tel est l'objet que se proposent toutes les sciences, et par lois elles entendent les rapports qui unissent les éléments soumis à leur investigation. Du moment que ces éléments réagissent les uns sur les autres, sont *fonction* les uns des autres, pour employer le langage géométrique, la loi de leur action réciproque n'est autre chose que cette *fonction*. Admettre que le monde est dépourvu de lois, qu'il est une œuvre de hasard, un chaos où notre imagination se complaît en vain à chercher un ordre, c'est déclarer implicitement que les éléments divers livrés à notre connaissance n'ont aucune liaison mutuelle; que le temps, par exemple, est sans effet sur le mouvement, que les forces ne se modifient point par les distances, etc. : conclusion tellement absurde qu'elle ne vaut point la peine d'être examinée. Mais du moment que ces éléments divers ont une action réciproque, cette action même est la règle, la loi des phénomènes : on ne peut la supposer arbitraire. Car qui dit action et réaction, admet par cela même un frein, une limitation ; et, d'ailleurs, il y a dans les phénomènes une continuité qui garantit suffisamment que la nature ne va point par bonds et n'est pas sans cesse hors d'équilibre.

L'idée de continuité, de développement, est l'idée maîtresse de la science humaine ; celle-ci en a retrouvé partout l'expression, dans la cosmogonie comme dans l'histoire, dans la formation des mondes comme dans la formation des langues, dans la croissance d'un végétal comme dans la transformation des idées religieuses et morales. Plus d'exceptions, plus de dissonances, plus de

- merveilleux : une raison souveraine, universelle, ordon-
nant toutes choses, une force infinie variant sans cesse
ses travaux, sans jamais rien perdre de son énergie. De
telles croyances donnent à la vie humaine une solennité
presque tragique, car elles nous persuadent que rien
n'est indifférent, que tout acte entraîne avec lui ses
conséquences jusque dans les profondeurs les plus lointaines de l'avenir. Je ne puis bouger une pierre sans
remuer le centre de la terre.

Sous tant de figures mobiles, incertaines, est une substance soumise à des lois permanentes ; le changement
n'est qu'une forme de l'éternité. Découvrir la loi suprême
du monde, celle en qui se confondent toutes les autres,
l'intelligence humaine le pourra-t-elle jamais ? Non,
certes, mais c'est déjà quelque chose que d'en apercevoir
quelques obliques reflets, d'en saisir certains rapports.
La fin des choses, comme leur commencement, nous
échappent ; jetés dans un courant rapide, nous ne pouvons en suivre que quelques détours, mais nous savons
du moins que le courant nous entraîne, et que nous
allons à d'autres rivages. Il faut repousser l'étrange doctrine qui isole la raison humaine, l'immobilise, lui
montre le monde comme un vain spectacle, et qui, sous
prétexte de nous grandir, supprime toute commune mesure entre nous-mêmes et le reste de la création ! Si la
pensée n'est pas un miroir où se reflète l'univers, où ses
phénomènes dépouillent en quelque sorte la matérialité
pour ne garder que cette beauté épurée qui jaillit de
l'ordre et de la vérité, elle n'est qu'un gouffre sans fond,
un abîme où croissent les fleurs amères du doute ou les

poisons de la folie. La poésie et la contemplation ont révélé aux peuples enfants, comme elles révèlent encore aujourd'hui aux âmes simples, ces harmonies supérieures auxquelles la science n'atteint qu'avec effort. Les vérités intuitives ont laissé leur trace dans les mythologies, dans les traditions, dans les langues ; elles flottent encore confusément devant ceux qui s'endorment sur le sein de la nature, et abandonnent leur âme aux sereines voluptés de la rêverie.

La continuité, le développement des phénomènes nous obligent à reconnaître qu'il existe des lois. Ce n'est guère la peine de discuter les systèmes qui refusent toute entité réelle aux rapports que nous saisissons entre les objets, ou aux termes mêmes entre lesquels nous établissons ces rapports et qui n'y voient que l'œuvre subjective de la pensée humaine. Il est bien certain que les lois scientifiques ne peuvent nous faire pénétrer dans le fond même de la substance matérielle ; mais de ce qu'elles laissent un voile épais entre notre curiosité et l'absolu, faut-il dire qu'elles n'ont aucune valeur ? L'image que j'aperçois dans un miroir existe au même titre que le corps dont elle est la représentation : parce que je ne puis saisir ce corps, dirai-je que l'image est un caprice de mon imagination ? Les critiques élevées par certaines écoles philosophiques contre les constructions scientifiques de l'esprit humain, s'égarent sur les mots, sans pénétrer dans le fond des choses. Sans doute la gravité, l'attraction, le fluide électrique, l'affinité chimique, entrent dans l'énoncé des lois scientifiques, et leur vraie nature n'est point connue : quand nous disons que les corps s'attirent, il faut entendre que les choses se passent comme si les corps s'attiraient. On peut à volonté expliquer tous les phénomènes électriques, en supposant qu'il y ait deux fluides, l'un négatif, l'autre positif, ou qu'il n'y en ait qu'un seul ; mais quelle que soit l'expression que l'on donne aux rapports des choses, ces rapports existent et ils renferment en eux-mêmes la loi véritable. On pourrait peut-être expliquer le mouvement des corps célestes par autre chose que par une attraction : ce qu'on ne pourrait changer, c'est cette harmonie qui unit le mouvement de chaque astre à celui de tous les autres et qui maintient l'équilibre mobile des cieux.

La perfection des sciences mathématiques tient uniquement à ce qu'elles définissent elles-mêmes leur objet : l'édifice compliqué de leurs raisonnements ne supporte que des identités ; le dernier livre d'Euclide est implicitement contenu dans le premier. Les lois du monde physique sont tout aussi rigoureuses que les lois idéales de la géométrie ; seulement nous les apercevons en quelque sorte du dehors, à travers des milieux qui les déforment ou les obscurcissent ; l'ambition de la science est de se rapprocher de plus en plus de ce centre d'où les phénomènes découlent, de nous porter sur des hauteurs où l'on découvre des perspectives de plus en plus vastes ; elle supprime, en quelque sorte, les phénomènes visibles, pour ne laisser devant notre raison que des forces, des vitesses, des poids ; elle nous montre le monde en idée. Le sujet pensant et l'objet pensé se cherchent, se pénètrent et finissent par se confondre.

———

# IV

## LA SCIENCE IDÉALE.

Personne ne s'aviserait de dire à l'arithméticien qu'il y a une limite pour les nombres, ou pour les groupements divers qu'on peut imaginer entre eux ; personne de même ne pourrait raisonnablement croire qu'il n'y a d'autres courbes que le cercle, l'ellipse, la parabole, l'hyperbole, la spirale ; la fantaisie du savant peut en créer à volonté. Si les géomètres n'abordent pas volontiers l'étude de formes plus complexes, c'est uniquement parce que l'analyse en est trop difficile, parce que la relation entre les éléments successifs des courbes leur échappe, aussitôt qu'elle ne peut être représentée par des fonctions symboliques assez simples. La dynamique, de même, peut aisément découvrir la loi du mouvement des corps, en se plaçant dans certaines conditions idéales et d'une définition facile : si j'imagine, par exemple, qu'un corps reçoive une impulsion primitive et ne rencontre aucune résistance (circonstance qui dans la na-

2.

ture ne peut jamais se réaliser), je comprends que la
vitesse de ce corps doit demeurer constante; si j'imagine, au contraire, qu'à chaque instant le corps reçoive
la même impulsion, je démontrerai que sa vitesse ira
en croissant proportionnellement au carré du temps,
c'est-à-dire, qu'après deux secondes, elle sera quatre
fois plus grande qu'après une, après trois secondes, neuf
fois plus grande, etc. Mais sitôt que l'impulsion cesse
d'être uniforme, si elle varie, par exemple, à mesure que
le corps se rapproche ou s'éloigne d'un point (comme il
arrive au pôle d'un aimant quand il se rapproche du
pôle d'un autre aimant), la loi du mouvement devient
plus difficile à saisir; enfin, elle nous échappe entièrement lorsque le rapport entre les éléments successifs de
la vitesse se soustrait à l'analyse.

Qu'est-ce donc qui caractérise les sciences qu'on
nomme souvent *exactes?* C'est qu'elles présentent à
notre esprit des fonctions *absolues*, sans que nous puissions le plus souvent les étudier dans ce qu'elles ont de
*relatif:* l'équation algébrique, la forme géométrique,
expriment de la façon la plus brève, la plus complète,
une loi, mais les phases, le développement de cette loi
nous échappent d'ordinaire; nous sommes vis-à-vis
d'elle comme un homme embarrassé d'un trésor, qui
lui devient inutile, parce qu'il n'en peut distraire la
moindre partie.

S'agit-il, au contraire, des sciences physiques, notre
rôle est renversé; on ne tient que des bribes, des fragments et l'on cherche à recomposer un tout : avec des
mots isolés, on tâche de reconstruire une langue; par

un effort inverse de celui de l'analyse mathématique,
on travaille à obtenir des synthèses; on s'élève des faits
jusqu'aux lois par une sorte de divination.

La science de l'absolu serait celle qui saurait analyser
toutes les fonctions possibles, y découvrir tout ce qu'elles
renferment, en suivre les développements les plus lointains, et qui, en même temps, saurait retrouver dans
chaque phénomène partiel l'expression la plus abstraite
de la fonction à laquelle il est asservi. Est-il besoin de
dire que cette science dernière, cette métaphysique
suprême resteront toujours suspendues au-dessus de
nos intelligences, comme un fruit auquel il est impossible d'atteindre? L'identité nécessaire du monde pensant et du monde étendu, de ce que l'on a appelé la
nature naturante et de la nature naturée, de l'être et du
devenir, ne sera jamais complétement visible; nous
en avons parfois comme des perceptions fugitives; le vol
de l'esprit nous soutient quelque temps au-dessus de ces
abîmes qui restent entr'ouverts dans les philosophies
et les sciences; puis nos ailes se fondent, comme celle
d'Icare, à ce soleil où nous cherchons à parvenir, et nous
retombons sur la terre, brisés, meurtris, mais l'œil
encore rempli d'illuminations célestes.

Peut-être avons-nous tort de gémir de notre ignorance
et la science complète nous rendrait-elle incapables d'effort. Le destin de l'homme est de chercher plutôt que de
trouver; sans les appels incessants de la curiosité, qu'elle
prenne le nom de science, ou celui d'amour, ou celui
d'héroïsme, que vaudrait la vie? C'est l'infini qu'êtres finis; nous cherchons tous, le chimiste dans ses cornues,

le micrographe dans les objets qu'il grossit, le naturaliste
dans ses classifications, l'artiste dans tout ce qu'il aperçoit, l'amant dans les yeux de l'amante, la mère dans
les paupières à peine écloses du nouveau-né. Les philosophies indoues ont eu comme un pressentiment de ce
que deviendrait celui dont toutes les aspirations seraient
satisfaites, pour lequel le monde n'aurait plus de secrets,
qui pourrait étouffer toute crainte et toute espérance :
ce repos absolu, ce léthé, cette paix profonde où le moi
demeurerait si immobile qu'il ne se détacherait plus du
non-moi par des mouvements propres et volontaires, est
le prix que sous le nom de *nirvana*, l'Orient a offert à
ses élus, aux âmes les plus pures et les plus détachées
des passions terrestres ; pour elles, le dernier terme de la
science est de tout ignorer, le dernier terme du bonheur
est de ne rien sentir, le dernier terme de la religion
est de s'anéantir en Dieu. Qu'est-ce que la terre pour
celui qui a habitué sa pensée à franchir les espaces sans
limites et à flotter de monde en monde? Un peu de boue
attachée à ses pieds. Et l'humanité? Une foule inquiète,
pareille à ces nuées d'insectes qu'apporte et qu'emporte
le vent, poussière animée que le froid d'une nuit fait
périr et change en poussière ordinaire. Et la pensée elle-
même? Un miroir brisé, dont tout l'éclat vient d'un soleil
lointain.

Ce n'est pas sans péril que l'on s'arrête trop longtemps
sur les hauteurs vertigineuses d'où l'on commence à
découvrir au loin l'absolu : il faut que Faust sorte du
cabinet sombre où il évoque à son gré toutes les forces
de la nature, et aille réchauffer son cœur sur le sein de

l'innocente Marguerite : il est une science qui s'aveugle en quelque sorte elle-même, qui, sous le vent d'une inflexible logique, pousse la pensée sur des écueils où elle fait naufrage. L'esprit scientifique a ses ivresses, tout comme le mysticisme.

Le nombre des fonctions idéales que l'esprit a loisir d'imaginer, est infini ! Toutes sont réalisées ou du moins réalisables dans le monde des faits ; dans l'infinie variété des formes et des mouvements qu'il nous est donné de percevoir, n'est-il pas bien probable, par exemple, qu'une courbe déterminée doive se rencontrer, et si l'on pouvait étendre la recherche à tous les lieux de l'univers et à tous les temps, cette probabilité ne deviendrait-elle pas une certitude? L'identité présumée entre les fonctions idéales et ce que je nommerai les fonctions vraies, c'est-à-dire celles dont les phénomènes naturels offrent l'expression, sert de justification à ceux qui poursuivent en dehors de toutes les données connues de l'expérience, des problèmes dont la solution paraît, dans le moment présent, chose oiseuse et indifférente. Tel qui se livre à l'étude ingrate de la théorie des nombres et qui sans guide, sans méthode, par un effort d'intuition et une sorte de divination, saisit dans la série discontinue des nombres, des lois et des groupements, joue, sans le savoir, avec des atomes, avec des combinaisons du monde matériel. On peut en dire autant du géomètre qui noircit page sur page avec ses symboles, ses différentielles, ses intégrales. Des siècles peuvent s'écouler avant qu'on saisisse le trait d'union entre les théories mathématiques et les faits dont elles

peuvent aider à découvrir les lois ; est-ce une raison
pour gêner l'essor de la libre pensée, pour dédaigner
celles de ses découvertes qui ne servent pas à notre
usage journalier? Les grands initiateurs du progrès
ne sont point ceux dont le vulgaire admire les œuvres,
les mécaniciens, les ingénieurs, les industriels : sur
l'échelle hiérarchique de l'esprit humain, un Dalem-
bert occupe une place bien autrement élevée qu'un
Stephenson.

Les lois, les fonctions que nous reconnaissons dans le
monde resteront toujours en nombre limité, parce que
le champ de l'observation demeure trop borné; si la
pensée atteint l'infini sans efforts, les sens nous enchaî-
nent au contraire au fini : l'infiniment petit comme
l'infiniment grand nous échappent ; le microscope nous
laisse impuissants devant l'un, comme le télescope devant l'autre. Pour découvrir les lois du monde phénoménal, nous n'avons d'autres instruments que nos sens.
Il est vrai que nous en tirons un parti merveilleux ;
on a même réussi à connaître des forces qui ne
produisent aucun effet direct sur l'organisation, en
les transformant en d'autres forces dont les effets sont
perceptibles. Nous n'avons aucun sens magnétique,
mais puisque le magnétisme produit des mouvements,
les yeux nous le révèlent. Nous n'avons point de sens
calorifique, bien que le corps soit affecté par le froid et
par le chaud, mais les thermomètres tiennent lieu de
ce sens. N'a-t-on pas réussi même à décomposer la
chaleur, tout comme la lumière, en rayons doués de
propriétés diverses? nous sommes toutefois impuis-

sants à distinguer directement ces propriétés, comme
nous faisons des couleurs. Tout ce qu'il est loisible
d'en dire, c'est que tous les rayons de chaleur n'affectent pas de la même manière certaines substances.
Qu'on se figure toutes choses blanches, noires ou grises,
toute couleur disparue dans le monde, ceux qui le
verraient ainsi auraient encore une perception de la
lumière plus distincte, plus complète, que celle que
nous avons actuellement de la chaleur. Imaginez, si
vous voulez, un être auquel les sensations du froid et du
chaud seraient absolument inconnues, il pourrait néan-
moins deviner l'existence de la force calorifique en
apercevant les contractions et les dilatations de volume
que subissent les corps sous son influence : ne mesure-t-on pas les forces magnétiques par les mouvements convulsifs de petites aiguilles d'acier? Sans
leurs oscillations, on ne saurait rien d'une force qui a
des effets si vastes, si généraux, si universels, qui
agite la matière solaire comme celle de notre planète.
Quand on se rappelle combien sont récentes la science
du magnétisme et celle de l'électricité, on ose croire
que bien des forces encore inconnues sont en action
autour de l'homme; il les subit, il est placé dans leur
sphère d'action, mais si leurs effets ne sont point tra-
duits en quelque sorte pour le sens, il reste condamné
à les ignorer. Tout phénomène matériel qui n'est pas
convertible, par un moyen plus ou moins direct, en
un phénomène tombant sous le toucher, la vue, l'ouïe,
l'odorat, n'existe littéralement pas pour lui. Un rideau
que nulle force de raisonnement, nulle intelligence ne

peut soulever, nous l'en sépare à jamais. Nous devinons
ce monde invisible, nous comprenons que la force universelle peut se transformer à l'infini, mais quelques-
unes seulement de ces métamorphoses nous ont été
révélées : le nombre de nos sensations ne saurait
déguiser l'extrême pauvreté de nos sens.

L'imperfection des organes n'est pas la seule chose
qui limite les découvertes de la science : il y a des
phénomènes dont nous suivons à l'aise toutes les
phases, mais dont la loi échappe à la science, soit
qu'elle ne puisse découvrir un lien entre les éléments de
la fonction qui pourrait l'exprimer, soit qu'un ou plusieurs de ces éléments échappent à l'analyse, soit enfin
que les mesures soient malheureusement choisies.
Chaque substance, par exemple, a une couleur qui lui
est propre : en associant des substances diverses, on
donne naissance à des corps qui ont aussi leur coloration
particulière ; une science universelle, achevée, pourrait
sans doute déterminer à l'avance la couleur d'un composé d'après la nature des composants ; mais jusqu'à présent la loi, la fonction qui relie la couleur aux propriétés
chimiques, cristallographiques, physiques, etc., est restée absolument inconnue. Qu'une telle loi existe, cela est
évident, parce qu'il n'y a dans la nature rien d'arbitraire, rien d'indifférent ; mais devant un tel problème,
on se sent impuissant, ne sachant quels éléments y
faire entrer, quelles comparaisons établir. Que de tissus
invisibles, dont nous ne saurons jamais saisir la trame ;
que d'harmonies dont la beauté ne peut nous toucher !
Tant qu'on n'a mesuré le temps que par l'écoulement du

sable dans une clepsydre, était-il possible de faire de
grandes découvertes astronomiques? Les moyens actuels de mesurer la chaleur m'ont toujours paru, je dois
l'avouer, assez barbares; excellents pour certains usages,
les thermomètres deviennent souvent tout à fait insuffi-
sants, et les physiciens y suppléent déjà par des instruments plus délicats, entre autres par la pile thermo-électrique. L'unité qu'on emploie pour étudier le magnétisme
est d'une définition si compliquée, qu'il faut renoncer à
la présenter à des ignorants.

Le sujet qu'analyse la science présente une telle complication qu'on a droit de s'étonner qu'elle ait pu y entrer
aussi profondément. On se sent écrasé par le nombre des
problèmes, mais on a aussi le droit d'être fier d'en avoir
tant résolu et de si importants. L'homme, être chétif,
atome perdu sur une planète misérable, sait comment se
meuvent les mondes lointains dont la lumière met des
années à lui parvenir; il a emprisonné dans des formules
la loi qui gouverne le tourbillon solaire où il est entraîné, et qui régit également cette infinité de tourbillons dont l'univers entier est semé. Il a su reconnaître
l'identité des matériaux qui l'entourent et de ceux qui
ont servi à faire les soleils; et, si nous ne regardons que
ce qui est autour de lui, où sa curiosité n'a-t-elle pas
plongé? que n'a-t-il pas soumis à son analyse? Sa mémoire fragile ne peut plus supporter le poids des trésors
que lui jette son intelligence ambitieuse, toujours en
action et comme effrénée. Dans sa course audacieuse,
l'âme humaine s'élance toujours plus loin, toujours plus
haut, et, par moments seulement, elle s'arrête, et, me-

surant la carrière qui lui reste à parcourir, s'étonne de dépenser tant de forces à la poursuite d'une fuyante chimère.

# V

## L'ESTHÉTIQUE DES SCIENCES.

### Le nombre.

L'esprit humain est ainsi fait qu'il ne peut attribuer le caractère de lois qu'aux rapports où il reconnaît une certaine simplicité, qui sont susceptibles d'être définis, enfermés dans des paroles ou des formules. Ce qui échappe à la délimitation glisse devant la pensée sans y laisser d'empreinte, et les symboles eux-mêmes ne peuvent s'y fixer que lorsqu'ils n'ont point une forme trop compliquée.

Pour être acceptée familièrement, la loi doit être ainsi exprimée, qu'elle puisse entrer facilement dans les moules de l'intelligence. Il y a une sorte d'esthétique qui fait sentir son empire jusque dans les régions les plus froides, les plus mornes de la pensée. Les géomètres disent communément que telle solution d'un problème est plus *élégante* qu'une autre. Cet amour du

simple, de l'ordonné, du beau, enraciné dans le plus
profond de notre être, s'impose à nous avec une impérieuse autorité. On en trouve l'expression la plus spontanée, la plus irrésistible dans les *axiomes* que l'on rencontre au seuil même des sciences. Dire que le tout est
plus grand que la partie, n'est-ce pas une manière de dire
que le monde est une œuvre de raison? L'idée du nombre
découle immédiatement de cet axiome, et sans ce symbole élémentaire toute distinction, toute mesure, c'est-à-
dire toute science deviendrait impossible. A ce moment
obscur et fugitif où la pensée détache en quelque sorte
les choses du fond commun où elles nous apparaissent,
l'esthétique spontanée de l'âme nous prête un secours
plus puissant que les sens eux-mêmes. Ces derniers ne
peuvent nous donner l'idée du nombre. Trois objets
frappent autrement nos yeux que quatre, quatre objets
que cinq ; mais qui distinguera dans un panier dix-neuf
œufs de vingt, vingt de vingt et un, etc. ? Le nombre comprend en lui-même l'idée abstraite de l'unité et peut être
représenté par $M + 1$, M étant le signe d'une collection
définie d'unités. Or, une pareille idée ne peut venir des
sens, l'expérience démontrant que la plus grande valeur
de M, appréciable dans une sensation immédiate, est très-
faible même chez l'homme adulte.

Comment naît en nous l'idée du nombre ? Nous n'as-
sistons pas à cette embryogénie durant laquelle se dessi-
nent les moules de la pensée humaine ; mais, comme le
croyait Newton, il est probable que les nombres ne nous
apparaissent pas au début comme des entités, comme des
collections, mais simplement comme la forme la plus

simple des *rapports*. Aussi est-ce le nombre que nous recherchons partout ; l'esprit le poursuit en toutes choses et en tout temps. La philosophie pythagoricienne, pénétrée d'un vif sentiment de l'ordre et de l'économie de l'univers, avait fondé toute une théorie du monde sur la simple notion du nombre, et les traditions de l'humanité ont toujours attaché je ne sais quel sens profond et mystique aux rapports numériques. Il n'est pas jusqu'à l'idée de Dieu qui, par un étrange entraînement, n'ait été asservie à cette notion, puisque l'unité divine a été tantôt dédoublée, tantôt divisée en trois, et que le monothéisme absolu n'a presque jamais pu s'imposer à la mobile imagination des hommes. A toute époque et dans tous les pays, il y a eu des chiffres réputés heureux, d'autres malheureux : les nombres premiers ou irréductibles, réfractaires en quelque sorte aux réductions, ont toujours saisi l'esprit populaire avec plus de force que tous les autres, 2, 3, 5, 7, 11, etc.; on pourrait facilement en retrouver l'influence dans toutes les religions, dans toutes les institutions civiles et sociales.

Sans s'arrêter plus longtemps à ces préférences inconscientes, il faut avouer que la science trouve aussi ses satisfactions les plus complètes dans la découverte des rapports numériques les plus simples. Comme l'astronome voit, sous le grossissement du télescope, les nébuleuses se résoudre en points étoilés, ainsi la *quantité* confuse et indivise, qui s'étend depuis le néant jusqu'à l'infini, se résout devant le calcul en unités distinctes et perceptibles. La quantité elle-même est chose abstraite, indépendante de la qualité, et s'applique à notre gré à tout ce que nous isolons et considérons en soi; le nombre est ainsi ce qu'il y a de moins immatériel dans les phénomènes, ce qui en exprime le côté idéal.

Les formes les plus simples peuvent s'exprimer par des nombres : la longueur du rayon définit le cercle, la longueur du côté le carré. En minéralogie, les cristaux se caractérisent par des rapports numériques; on peut rapporter toute facette à trois axes et la déterminer par les rapports des distances auxquelles elle coupe ces axes. Si la facette est parallèle à l'un des axes, ces rapports deviennent infinis; aussi revoit-on sans cesse le signe de l'infini $\infty$ dans les ouvrages de minéralogie. Les rapports de la cristallographie sont communément des plus simples : ce sont 1, 2, 3, 4, $\frac{1}{2}$, $\frac{2}{3}$, $\frac{3}{4}$, etc.

La passion naturelle de l'esprit pour les rapports numériques simples nous aide quelquefois à surprendre la nature dans ses retranchements et à lui arracher des vérités précieuses; mais notre ardeur nous entraîne parfois trop vite, et nous sommes tentés de reconnaître une loi, par cela seul qu'elle a une forme séduisante, et sans l'avoir soumise à un contrôle assez rigoureux. La loi dite de Bode en est un exemple : cette loi détermine les distances des diverses planètes au soleil. Si l'on prend la série des nombres

0, 3, 6, 12, 24, 48, 96, 192, 384,

obtenus en doublant chaque fois le nombre précédent, et si l'on ajoute à chacun de ces nombres 4, on obtient la série

4, 7, 10, 16, 28, 52, 100, 196, 392.

Or ces nombres sont à peu près proportionnels aux distances des planètes au soleil. En représentant en effet par 10 la distance de la terre au soleil, on a, pour celle de Mercure au soleil 3,87, très-peu différent de 4; pour Vénus 7,23, pour la terre 10, pour Mars 15,23, pour Jupiter 52,03, pour Saturne 95,38, pour Uranus 191,82, pour Neptune 300.

Au début de ce siècle, il y avait encore une lacune entre Mars et Jupiter, c'est-à-dire à la place du nombre 28; on se mit à fouiller le ciel entre ces deux planètes, et c'est là précisément qu'on a trouvé les petites planètes intermédiaires, Cérès, Pallas, Junon et Vesta d'abord, et ensuite toute une petite horde d'astéroïdes groupée à des distances qui varient entre 21,99 (Ariane), et 31,56 (Euphrosyne). Leur distance moyenne du soleil peut être considérée comme très-voisine de 28, et la loi de Bode se trouve par là vérifiée. La grande planète, située aux confins mêmes de notre système, et découverte par M. Leverrier, se trouve au contraire à une distance (300) qui s'écarte notablement de celle que lui assignerait la loi. Celle-ci ne doit sans doute être considérée que comme une approximation, mais notre raison aimerait à la trouver tout à fait rigoureuse; cet arrangement mathématique des corps célestes a de quoi saisir et fasciner notre esprit, bien que nous ne sachions comment rattacher les chiffres de Bode à quelque propriété physique de la matière.

La musique, celui des arts qui nous donne les jouissances les plus fugitives, mais aussi les plus pénétrantes et les plus profondes, qui nous enlève le plus facilement au sentiment de la réalité pour nous conduire dans le domaine du rêve et de l'idéal, la musique n'échappe point à cette logique impérieuse qui nous incline vers les rapports numériques les plus simples. On peut remarquer d'abord que les mélodies, même les plus fuyantes et les plus délicatement nuancées, sont cependant obligées de s'astreindre à ce que l'on nomme la *mesure :* l'art ne reconnaît qu'un nombre très-limité de *temps*, qui divisent la mesure en deux, en trois, en quatre, en six. Il y a sans doute une sorte de musique dans les sons indéfinis, dans les murmures et les fureurs du vent, dans le bruit des vagues qui expirent sur les grèves, dans l'assourdissant tonnerre des cascades, dans les rumeurs confuses des forêts; mais tous ces sons, tous ces bruits, échappent à la délimitation, à la notation. Ils nous enchantent, nous bercent, nous fatiguent, nous remuent, mais ils ne peuvent s'imprimer dans notre mémoire et passent en quelque sorte sur nous sans laisser de trace durable.

La musique, au contraire, outre qu'elle enferme les modulations dans de rigoureuses mesures, *note* les sons, c'est-à-dire n'emploie que ceux dont les vibrations se trouvent en rapport numérique exact et simple. Prenez un accord parfait, quel qu'il soit, et les rapports du nombre des vibrations des quatre notes donnent la série exacte : 1, $\frac{5}{4}$, $\frac{3}{2}$, 2. Pourquoi ces rapports flattent-ils notre oreille d'une façon toute particulière? Nous l'ignorons, et certes ces chiffres sont inconnus à la grande majorité des musiciens.

Dans la gamme complète qui comprend sept notes de

la tonique à l'octave, la série des rapports du nombre des vibrations est la suivante :

1 (*ut*), $\frac{9}{8}$ (*ré*), $\frac{5}{4}$ (*mi*), $\frac{4}{3}$ (*fa*), $\frac{3}{2}$ (*sol*), $\frac{5}{3}$ (*la*) $\frac{15}{8}$ (*si*), 2 (*octave*).

N'admire-t-on pas combien ces rapports sont peu compliqués? Ils se retrouvent exactement dans toutes les gammes, quelle que soit d'ailleurs la tonique. Qui a jamais pu expliquer pourquoi le ton dit *mineur* produit, sur l'ouïe une impression tout autre que le ton *majeur?* Pourquoi le premier se prête mieux à l'expression de la douleur, de la plainte, de la rêverie? le second à celle de la joie, de l'héroïsme, de la fierté? Si vous interrogez le physicien, il vous dira que la série des vibrations dans l'accord parfait de la gamme mineure est 1, $\frac{6}{5}$, $\frac{3}{2}$, 2; le rapport, on le voit, est pour la quinte le même que dans la gamme majeure, mais il change pour la tierce; au lieu de $\frac{5}{4}$ mettez $\frac{6}{5}$, et vous ouvrez un autre monde à l'harmonie. Pourrait-on trouver un exemple plus convainquant du rôle que joue le nombre en toutes choses et le plus souvent à notre insu?

L'esthétique qui nous pousse à la recherche des rapports les plus simples est un des plus puissants auxiliaires de l'esprit, et même quand elle nous égare momentanément, elle ouvre d'ordinaire des voies où il y a profit à entrer. Dans la chimie moderne, les corps simples sont représentés par ce que l'on nomme les équivalents, ou poids atomiques : ces quantités sont les rapports entre les poids des corps simples qui entrent dans certaines combinaisons prises pour types.

Les chimistes se sont toujours appliqués à chercher

si ces poids atomiques n'auraient point entre eux des
rapports numériques simples. Prout, le premier, remar-
qua qu'en prenant pour unité l'équivalent de l'hydrogène,
on obtenait pour les autres équivalents des nombres
entiers. Toutefois, on a déterminé, après Prout, des
équivalents qui se présentaient, non plus sous forme
entière, mais sous forme d'un nombre entier suivi d'une
fraction. Or, l'originalité de la loi de Prout exigeait que
les nombres fractionnaires fussent absolument écartés de
la liste des équivalents ; car, si tous les poids atomiques
étaient des nombres entiers, on pouvait considérer les
corps simples comme des collections diverses des mêmes
atomes élémentaires ; mais la construction de leurs atomes ne pouvait plus s'expliquer si l'on retrouvait des
rapports fractionnaires entre les équivalents de certains
corps simples et celui de l'hydrogène. M. Dumas reconnut toutefois que les fractions qui s'ajoutaient aux nombres entiers dans la détermination de certains équivalents étaient des subdivisions de l'unité: dès lors, il n'y
avait plus qu'à multiplier tous les termes de la série par
des nombres très-simples pour retrouver une nouvelle
série entièrement composée de nombres entiers.

La détermination exacte des équivalents exige des
mesures d'une extrême délicatesse. Aussi n'est-il pas
étonnant qu'on ait opposé à maintes reprises, à la loi de
Prout, certains chiffres qui blessent en quelque sorte sa
rigide simplicité. La science a ses sceptiques comme la
religion ; certains expérimentateurs prennent autant de
peine pour mettre une loi reconnue en défaut que d'autres pour trouver des lois nouvelles. Mais la loi de Prout

reste encore debout, car les doutes qui pouvaient planer sur son exactitude enveloppent également l'œuvre de ses critiques.

A la simplicité du nombre semble se rattacher une certaine fixité. Les groupements moléculaires sont d'autant plus solides que le nombre des atomes qui en constituent chaque partie est plus petit : les combinaisons binaires de la chimie minérale sont bien plus stables que les combinaisons ternaires ou quaternaires de la chimie organique. L'édifice de ces dernières est ébranlé avec une extrême facilité ; les dissociations, les décompositions s'y opèrent sous l'influence des causes les plus légères ; les formules représentent cette variabilité par leur complication, en dépit des efforts que font les savants pour les ramener à une plus grande simplicité théorique.

*Natura nil fecit per saltum*, disait un proverbe latin. Ce proverbe est démenti par la loi chimique des proportions définies : l'atome d'oxygène ne s'unit pas à des fractions quelconques de l'atome d'hydrogène, et c'est pour cela que les chimistes ont été conduits à mettre en doute la divisibilité infinie de la matière et à admettre l'existence *réelle* des atomes, c'est-à-dire de quantités matérielles irréductibles, indestructibles, qui, en s'unissant, forment tous les corps. L'atome est donc la limite dernière du fractionnement, l'être par excellence, l'unité matérielle. Peut-on, par une généralisation hardie, considérer les divers atomes simples comme les états de condensation variables d'une seule et unique substance? Si cette question était résolue par l'affirmative, il faudrait se demander pourquoi une semblable concentration ne

peut se faire par variations continues et insensibles, et
s'opère *per saltum*, par degrés échelonnés suivant une
série numérique, de telle sorte que les corps simples
sont en quelque sorte comparables aux diverses planètes
successivement abandonnées par une nébuleuse solaire
en voie de condensation. L'infiniment petit subirait ainsi
les mêmes transformations que l'infiniment grand : les
atomes seraient des microcosmes.

Il semblerait, au premier abord, que rien n'échappe
davantage à la détermination numérique que les lois qui
règlent la croissance et la formation des êtres organisés ;
mais un examen, même superficiel, fait encore retrouver le nombre dans cette merveilleuse variété, qui confond les efforts de la classification. Le botaniste le suit
dans le cycle formé par les feuilles successives, déve-
loppées en spirales autour de la même tige ; il appelle
même *nombre* la quantité de feuilles comprises dans un
cycle, en prenant pour point de départ une feuille quelconque, jusqu'à ce qu'en passant par les feuilles intermédiaires on arrive à une autre feuille diamétralement
superposée. Dans le monde animal, la subdivision du
corps en deux, en trois, en cinq, détermine des séries
d'êtres tout spéciaux, et si l'on voulait entrer dans les
détails, on retrouverait à chaque pas des nombres dont
la remarquable permanence sert à relier des êtres en
apparence très-distincts. Toutefois les lois purement
numériques sont bien moins saisissables dans le monde
organisé que dans le monde organique, parce que le
premier est tout dynamique, toujours mobile, changeant ; le second, tout statique, est plus fixe, plus inal-

térable. L'unité inorganique, qui est l'atome, est perma-
nente et reste toujours identique avec elle-même dans la
série des métamorphoses, où la font entrer les forces
naturelles. L'unité organique, qui est l'individu, est une
unité mobile, qui naît, grandit et meurt, et ne peut
fournir de termes de comparaison absolument précis et
invariables. Y a-t-il deux arbres semblables dans une
forêt, ou dans l'humanité deux hommes?

### La forme.

De même que l'esprit recherche les rapports numériques, il se plaît aux formes les plus simples. Quel est le
motif secret de cette préférence? Notre esthétique est-
elle tout à fait irréfléchie, ou n'est-elle pas fondée sur
quelque acte raisonné? Nest-ce pas que nous nous attachons aux formes simples parce que nous pouvons aisément nous les définir à nous-mêmes et en reconnaître la
loi? Prenez la ligne droite, vous en comprenez tout de
suite les propriétés; vous savez que si loin que vous la pro-
longiez, elle ne s'écartera ni à droite ni à gauche, ni en haut
ni en bas; elle mène votre pensée par un chemin inflexible
d'un bout à l'autre de l'infini. Après le point, qui n'est
à vrai dire que le néant, rien d'aussi simple que la ligne
droite, rien que l'esprit conçoive et accepte aussi facilement. Aussi est-ce la base de tout art spontané, de toute
grande architecture; la fantaisie de certaines époques a
mêlé harmonieusement des formes variées, mais la plus
haute expression du beau, qui puisse se traduire par la
pierre, demeure encore imprimée sur ces ruines majes-

tueuses, où la ligne droite dessine tous les contours.
Chez les Grecs, où l'ornementation était portée à un si
haut degré de perfection, elle demeurait cependant toujours asservie à une sévère ordonnance : elle n'était qu'un
dessin léger qui courait sur les formes, et qui, à quelque
distance, les laissait apparaître dans toute leur majesté.
La colonne, rectiligne au début, avait plus tard reçu un
galbe léger, mais cette gracieuse courbure est imperceptible de loin, et, dans la plaine, le voyageur voit, au
haut des collines, les colonnes parallèles monter droites
vers le ciel bleu de l'Attique.

Le parallélisme des lignes a je ne sais quoi qui parti-
culièrement nous charme. Le géomètre définit les parallèles des lignes qui ne peuvent se rencontrer qu'à l'infini ;
forcément interrompues dans nos œuvres, les lignes ne
nous donnent le sentiment intime de l'infini et par conséquent du beau que quand elles sont parallèles. La
perspective nous les montre convergeant vers un point
idéal ; elle fournit ainsi un moyen facile de vérifier la
perfection de l'œuvre qui est sous nos yeux, et en révèle l'harmonie. La ligne droite, qui demeurera toujours la ligne architecturale par excellence, ne se prête
pas à de nombreuses combinaisons ; on ne peut à
volonté, sans blesser l'esthétique, couper les lignes les
unes par les autres et sous des angles quelconques. La
partie irréprochable des temples grecs, c'est la base, ce
sont les colonnes, les entablements, les frises ; le toit
triangulaire qui les couronne, leur ôte plus de beauté
qu'il ne leur en donne ; aussi ruinés, ils gardent un air
plus sublime. Tournant vers ·le ciel l'angle obtus de

leurs lourds frontons, c'étaient bien les temples d'une religion qui faisait descendre les dieux sur la terre.

La pyramide d'Égypte est un monument tout triangulaire, car les saillies de ses marches disparaissent à quelque distance dans la masse colossale ; mais la pyramide est-elle une véritable œuvre d'art? elle étonne, elle ne charme pas. Ni l'enthousiasme, ni la foi n'ont élevé ces pesantes et monotones assises : la tyrannie a mis dans ces grands ouvrages, comme elle solitaires, sa force écrasante et sa grandeur, mais la beauté leur a été refusée.

Après la ligne, le cercle est la forme que l'esprit accepte avec le plus d'empressement : la colonne, qui les renferme et les combine, est en quelque sorte le résumé de l'architecture primitive. Il y a dans le cercle une harmonie qui n'échappe pas à l'esprit le plus grossier; la raison saisit comme de prime saut toutes les propriétés de la circonférence, elle en voit tous les points également distants d'un point central. La forme circulaire nous est révélée d'ailleurs par les phénomènes les plus grandioses de la nature; nous la trouvons dans le soleil qui nous éclaire, dans la lune en son plein; le marin est le centre d'un cercle qui marche avec lui, et dont l'immense envergure l'entoure sans cesse de sa ligne céruléenne. L'horizon des grandes plaines est aussi circulaire, et les regards aiment toujours à se reposer sur ce contour lointain, vague, déjà à demi azuré, qui sépare notre domaine du ciel. Ils veulent du moins en apercevoir une partie; l'âme se jette naturellement sur ces échappées, elle ne sait pas jouir d'un passage entière-

ment fermé, borné de toutes parts par les angles mons-
trueux des montagnes. Elle s'y sent étouffée comme
dans une prison : ce que nous cherchons encore sur les
âpres sommets, ce sont les fuyantes et belles lignes des
lointains horizons.

Nous ne pouvons nous rendre compte à nous-mêmes
du charme particulier que le cercle exerce sur notre intelligence. Qui n'a suivi de l'œil, avec un plaisir intime, les
anneaux harmonieux qui se déroulent autour du point
où une pierre vient tomber dans l'eau ? ils s'élargissent
et fuient silencieusement, et emportent doucement la
pensée du centre à la circonférence mouvante, et comme
du néant à l'infini. La douce courbure du cercle nous
séduit plus que la ligne droite; celle-ci, fixe, inflexible,
sert de contour aux choses éternelles, ou aux œuvres
que l'ambition humaine veut rendre impérissables : elle
ne peut enfermer les organismes mobiles et changeants ;
l'atome géométrique et cristallin du monde inorganique
devient globulaire, quand il est entré dans le cycle de la
vie. Dans les formes ondoyantes et mobiles de l'organisation, c'est le cercle que nous cherchons de préférence;
c'est lui dont nous retrouvons les éléments dans les
lignes du cerveau humain ; lui, que l'amant contemple
dans les yeux de l'amante, et caresse dans les molles
rondeurs de son sein.

La grande architecture nous montre le cercle dans
les dômes qui forment le noble couronnement de beaucoup de grands édifices, dans les portiques, les arcs de
triomphe, les arches majestueuses des ponts. L'industrie
moderne a remplacé les cintres pleins par des courbes

hardies ; elle jette sur les rivières des ponts dont la flèche
est très-petite ; ces œuvres, dont l'élégance est souvent
remarquable, ne satisfont pourtant pas entièrement l'observateur ; l'air monumental leur manque : elles ne
semblent point faites pour durer. Les vrais connais-
seurs n'hésitent plus à mettre l'art roman, qui employait
les demi-cercles ou cintres pleins, au-dessus de l'art
gothique, qui coupait les cercles les uns par les autres, et
obtenait ainsi des ogives plus ou moins aiguës. Forme
irrationnelle, anguleuse et maigre, l'ogive a pourtant je
ne sais quelle grâce originale, mais l'art gothique emprunte surtout sa beauté à ces nombreux jets de lignes
parallèles, qui, montant en faisceau à des hauteurs pro-
digieuses, vont se perdre dans des entrecroisements et des
nœuds d'une exquise légèreté. Cet art, par les disposi-
tions générales qu'il imprimait aux grands édifices religieux, a été condamné à n'élever que des monuments
ruineux, dont l'équilibre a sans cesse besoin d'être forti-
fié ; mais, par les proportions qu'il leur a données, il a
obtenu quelquefois des effets saisissants et particulière-
ment en harmonie avec l'état religieux des foules du
moyen âge. Mais, dans l'architecture domestique, il n'a
ordinairement produit que des ouvrages mesquins, sans
élégance, sans lumière, sans beauté, et les nations, dont
l'archaïsme va y chercher aujourd'hui des modèles,
donnent une preuve de mauvais goût en même temps
que d'impuissance.

En dehors de la ligne droite et du cercle, il est bien
peu de figures que l'esprit soit capable de se définir
nettement à lui-même, et qui, par conséquent, puissent

lui procurer des jouissances esthétiques bien vives. Un acte de réflexion et d'analyse est déjà nécessaire pour comprendre les propriétés de l'hélice, qui s'élève par un mouvement graduel et mesuré le long des génératrices d'un cylindre, celles de la spirale qui tourne autour d'un centre en s'en éloignant sans cesse. Dans la disposition des feuilles sur certaines plantes, dans le mode d'enroulement d'une multitude de coquilles, la nature nous fournit cependant de nombreux exemples de spirales ; nous sommes habitués à associer ces courbes à une idée de développement graduel, de mouvement ; au lieu que le cercle et la ligne droite nous apparaissent comme un symbole de permanence, d'immutabilité. Nous n'apercevons jamais qu'un moment, si l'on me permet le mot, des premières ; les secondes sont partout et toujours identiques avec elles-mêmes.

Nous sommes si malhabiles à découvrir les propriétés et les harmonies des formes les plus élémentaires, qu'il a fallu bien du temps aux géomètres pour trouver le lien logique qui unit l'ellipse, la parabole et l'hyperbole ; cette parenté est une de celles que la pensée ne peut saisir instinctivement. On ne devine pas du premier coup, serait-on Archimède, Pascal ou Newton, que ces trois courbes sont les sections diversement inclinées d'un cône à base circulaire par des plans. Le centre est bien plus visible dans la circonférence que les foyers dans l'ellipse. C'est la géométrie, non l'expérience, qui nous révèle les sections coniques, et c'est encore le raisonnement qui nous les fait retrouver dans certains phénomènes physiques. On a connu l'ellipse avant de savoir que les corps planétaires ont des mouvements elliptiques. Saurait-on qu'un projectile suit une route parabolique, si le calcul ne nous l'avait appris ? Qui a jamais suivi dans l'espace la trace invisible d'un boulet de canon ?

La pensée nous livre donc des richesses que nos mains, nos regards ne peuvent atteindre. La géométrie a la faculté de créer à loisir un nombre infini de formes : elle construit un monde fantastique et le compare, quand il lui plaît, au monde visible. Elle trouve dans ses constructions des plaisirs sévères qui n'ont rien de commun avec la contemplation des formes familières où s'enveloppent les phénomènes matériels. Elle y surprend des lois, des combinaisons, dont la nature extérieure ne lui montre point la représentation ; mais bien peu pénètrent dans ce monde nouveau et sont capables d'y retrouver leur chemin parmi les figures sans corps, d'être touchés par cette idéale beauté de l'invisible.

Aux ignorants, les formes les plus simples demeurent comme incompréhensibles, dès qu'elles sortent des moules auxquelles ils sont accoutumés ; il est cependant un certain genre d'harmonie qu'ils sont encore capables de discerner jusque dans les dessins les plus complexes ; mais elle est en quelque sorte étrangère à la forme elle-même, et ne résulte du moins que du mariage de la forme et du nombre, je veux parler de la *symétrie*. Celle-ci n'est autre chose, en effet, qu'un agencement, une ordonnance, qui permet de décomposer un objet en une, en deux, en trois, en un nombre quelconque de parties semblables. Pour l'observateur ordinaire, la beauté d'une ellipse gît uniquement dans sa symétrie, non dans les curieuses propriétés géométriques qu'une fine analyse est seule capable d'y découvrir. Toutes les figures symboliques que les traditions religieuses des peuples ont conservées, ont des contours symétriques, depuis le globe ailé des temples égyptiens jusqu'au triangle mystique où nous plaçons l'œil du Très-Haut; depuis le caducée de Mercure jusqu'à la croix. Pourquoi la clepsydre antique reste-t-elle encore un emblème favori du temps sur les monuments funéraires? C'est qu'une belle et double symétrie a rendu cette forme familière et agréable à tous.

Dans toutes les créations humaines, la symétrie impose plus ou moins impérieusement ses lois; on n'a jamais vu d'œuvre où elle fît complétement défaut. Elle est la règle suprême de l'architecture, règle qu'on viole seulement pour obéir aux plus impérieuses nécessités. Elle dessine les parterres et les grandes allées de nos jardins français, qui s'harmonisent si merveilleusement avec la majesté des palais, et forment comme une transition naturelle entre leur savante ordonnance et le sauvage désordre des campagnes. Tout ce que nous touchons, tout ce que nous manions, tout ce qui nous sert, tout ce que façonne la main humaine, nos vases, nos ornements, nos meubles, nos vêtements, tout se pare d'une certaine symétrie. Les danses, en mêlant harmonieusement des groupes symétriques, nous procurent des jouissances quelquefois très-vives. Le spectacle d'une grande foule qui se rue en sens divers, qui va et vient, avance et recule, au gré de courants capricieux, a je ne sais quoi de triste et de blessant pour une âme délicate.

La nature ne satisfait pas toujours notre amour in-
stinctif de la symétrie : aussi, certains de ses phénomènes
nous épouvantent et nous étonnent. Le spectacle d'une
comète, de cette longue queue traînante, qui traverse
les cieux comme un glaive recourbé, jette des millions
d'êtres humains dans la terreur. Nous n'apercevons aucun ordre apparent dans la multitude des astres ; ils
ne sont point d'égale grandeur et à égale distance,
comme les étoiles d'or sur les voûtes bleues des églises
byzantines. La voie lactée, cette grande ceinture lumineuse qui traverse notre sphère céleste, suit à peu près
la ligne d'un demi-cercle ; mais, comme une véritable
ceinture, elle a des plis et des replis, ici s'entr'ouvre et
là se referme. L'habitude nous familiarise avec l'aspect
des cieux et affaiblit toutes les émotions que ce grand
spectacle nous inspire. Essayons pourtant de nous figurer
que nous l'apercevions pour la première fois : quel ne
serait pas notre étonnement ! Où l'esprit trouvera-t-il à se
fixer dans cet infini désordre, parmi cette poussière lumineuse, dont les grains sont semés comme au hasard,
dans ces illuminations vagues et partout changeantes ?
L'astronome a découpé l'immense carte du ciel en com-
partiments, il y a tracé les contours grossiers de ses con-
stellations, mais la contemplation n'y trouve aucune
limite, aucune ordonnance, elle se perd de monde en
monde et ne sait où se reposer dans son vol à travers
l'infini.

Il faut revenir plus près de l'homme pour retrouver la
symétrie dans la nature : dans le microcosme qu'il ha-
bite, elle éclate en toutes choses. Le monde minéral est,

par excellence, un monde géométrique : chaque cristal
est un ouvrage symétrique et, dans tous les corps inorganiques, chaque molécule est un cristal. Dans le monde
végétal, la symétrie existe encore, mais n'a plus la rigueur géométrique qu'on observe dans le cristal. La
plante croît dans deux directions opposées, par en haut
et par en bas ; mais, latéralement, toutes les directions
horizontales sont en quelque sorte symétriques ou équivalentes ; l'arbre a un haut et un bas, mais n'a ni devant
ni derrière. Chez l'animal le haut et le bas du corps
sont différents, mais le devant et le derrière le sont également ; il n'y a de symétrie qu'entre ce que l'on nomme
la gauche et la droite : encore cette symétrie est-
elle tout externe chez beaucoup d'animaux, et n'existe-
-t-elle pas pour tous les organes cachés à l'intérieur
du corps.

Dans les cristaux, on le sait, nul axe de dyssymétrie ;
dans les végétaux, un axe dyssymétrique, marqué par la
ligne verticale qui va des racines au sommet des branches ; chez les animaux, deux axes dyssymétriques,
l'un, qui joint le haut du corps au bas, l'autre, le devant
au derrière. Le développement de la dyssymétrie marque donc les trois grandes phases du progrès dans la
nature ; mais toujours, même au sommet de l'échelle
organique, quelque chose est sacrifié à la symétrie ; seulement celle-ci y devient simplement la *dualité*. La nature
ne nous montre aucun être où ce dernier terme de la symétrie fasse entièrement défaut : son œuvre la plus achevée, la plus exquise, le cerveau humain, est double.
Pour trouver un ouvrage où toute symétrie fasse défaut,

il faut embrasser l'univers entier, l'infini, l'être par excellence, qui embrasse tous les êtres particuliers.

Aller de l'atome à l'infini, c'est aller de l'ordre compréhensible à l'ordre incompréhensible, que nous nommons le désordre, des rapports numériques simples aux rapports complexes, des formes géométriques aux formes indéterminables. L'arbre n'a plus la rigidité du cristal; il se forme, se modèle d'après les lignes générales d'un modèle idéal, mais se plie, avec une sorte d'élasticité, aux forces changeantes qui activent ou retardent son développement. L'animal porte aussi, dans son organisation, quelque chose de stable et de rigide; c'est un portrait du type idéal que nous appelons l'espèce. Mais sur ce portrait la nature jette les tons les plus changeants; l'artiste infatigable, qui pétrit la matière organisée plastique, ne refait jamais deux fois le même ouvrage : il est comme un architecte qui bâtirait une infinité de palais, tout en restant toujours fidèle aux mêmes ordres. Dans l'organisme vivant, l'édifice moléculaire ne conserve plus les formes anguleuses de la géométrie cristalline; les formules des composés chimiques deviennent d'une effrayante complication; les groupements des atomes ne sont plus des édifices solides, mais des constructions frêles et savantes, soutenues par l'équilibre le plus instable; le sang est rempli non de cristaux, mais de globules ovoïdes, dont la forme échappe à la définition. Les seuls atómes qui puissent reformer des groupes cristallins, sont soustraits au tourbillon vital et rejetés hors des grands courants de l'organisation; on peut dire de ces atomes, qu'ils sont morts, lors même qu'ils demeurent encore enfermés dans l'être vivant.

Il est singulier que notre esthétique intellectuelle soit surtout satisfaite par les nombres et les formes les plus simples, et que la nature nous montre le progrès et la perfection du côté des rapports numériques et des formes les plus complexes. Mais beauté et perfection ne sont pas toujours synonymes. Le singe est plus parfait que la gazelle, et cependant nous aimons mieux la dernière : la Hottentote est, au point de vue de l'organisation, sur le même rang que les modèles de Phidias et de Praxitèle. Le monde minéral nous donne des plaisirs aussi vifs que le monde végétal ; le spectacle des jardins et des forêts ne saurait nous émouvoir plus que l'aspect de l'Océan, ou même que celui du ciel, de ce vide azuré que sillonnent seulement parfois quelques mobiles nuages.

L'eau, la vapeur, la pierre, il n'en faut pas davantage pour charmer nos regards et pour fournir à notre admiration des spectacles toujours nouveaux. L'être vivant excite en nous des impressions d'une toute autre nature; les idées qu'il éveille sont complexes, et nos jugements, en ce qui le concerne, ne sont pas seulement dictés par des notions abstraites relatives au nombre et à la forme. Il y a sans doute une majesté étrange dans les grandes statues égyptiennes; dans leur stricte symétrie, elles semblent en quelque sorte plus immobiles; la tête haute, les mains collées au corps, les jambes rassemblées, elles jettent sur le désert un regard implacable et partagen quelque chose de sa tristesse et de son éternité. Mais que l'âme se sent plus confiante, plus joyeuse en face des beaux ouvrages de l'art grec! Les draperies suivent encore de nobles lignes, les membres et les muscles ne sont jamais roidis ou noués en grimaçantes contorsions; mais sous les majestueux contours on sent palpiter une âme : le flot de la vie soulève ces œuvres éternellement jeunes et parées d'une inaltérable beauté. La vie! c'est aussi ce qui donne une sorte de beauté à des formes organiques dont nous sommes souvent incapables de comprendre les harmonies : ces ébauches de la force créatrice nous étonnent, nous choquent, nous répugnent, tant que nous ne regardons qu'à la forme; mais dès que nous envisageons les êtres comme acteurs dans le grand drame de la vie, et que nous avons trouvé la place qui leur convient dans la hiérarchie générale, ils s'harmonisent avec tout ce qui les entoure, et leur laideur disparaît dans l'immense tableau de la nature, comme les dissonances sont emportées dans l'impétueux courant d'une symphonie.

# VI

## LA DYNAMIQUE.

La forme, le nombre ne déterminent dans l'être que la quantité; ces notions sont indépendantes du temps, et par conséquent purement statiques; mais le temps entraîne toutes choses dans son courant, et l'histoire du monde est une éternelle dynamique. Point de repos dans l'univers : formes et nombres se modifient sans cesse. Ce que nous appelons qualité n'est autre que du mouvement : le calorique, la lumière, le son, l'électricité, le magnétisme, sont des vibrations; nous ne pouvons imaginer une substance où tout mouvement aurait disparu; elle ne toucherait plus nos sens, n'ayant ni couleur, ni chaleur, ni propriétés d'aucune espèce. La substance ne nous est révélée que par ses manifestations, et ces manifestations ne peuvent être que des mouvements. Sans qualité, sans mouvement par conséquent, la forme elle-même deviendrait indiscernable, car on ne saurait distinguer un objet de ceux qui l'entourent, s'il n'en différait par quelque chose. La forme, indépendante en soi du temps, ne nous devient perceptible que par son aide.

· Est-il nécessaire de définir le temps? est-il possible de le faire? Comme l'idée du nombre, comme celle de la forme, l'idée du temps fait partie intégrante de notre pensée : elle nous sert à définir les choses, sans que les choses puissent nous servir à la définir. Nous ne comprenons pas seulement le temps, on peut dire que nous le sentons, en nous sentant vivre. Nous ne sommes point fixés dans l'immobilité d'une pensée ou d'une sensation unique; les réflexions, les impressions, les passions, les douleurs, les craintes, passent sans cesse sur nous, comme l'eau courante sur la pierre qu'elle polit. Le mouvement des choses créées emporte l'homme dans son irrésistible violence; il voyait sans cesse fuir derrière lui les rivages du passé et se rapprocher de lui les rives de l'avenir.

Le temps est la mesure de toute variation : mais toute variation suppose une cause. On ne comprend pas le changement sans un agent de changement, le mouvement sans un moteur, le phénomène sans la *force*. Comme le temps, la force est quelque chose d'insaisissable : c'est le lien mystérieux qui unit les éléments variables des phénomènes; le temps leur donne une part de constance, la force une part d'inconstance. Le temps jamais ne se ralentit ni se précipite, c'est un courant toujours égal et sans violence, qui emporte tout devant lui; par nos propres sensations, nous serions incapables de le mesurer et nous sommes obligés de recourir à des artifices pour obtenir des actions que nous savons être régulières et constantes. L'école positiviste croit naïvement que la découverte des lois du mouvement est fondée seulement sur l'observation : mais comment mesure-t-on le temps pendant les expériences ? Avec des pendules ; or l'isochronisme du mouvement pendulaire n'est qu'une déduction logique tirée des lois du mouvement. Je défie qu'on m'indique une manière de mesurer le temps qui ne soit fondée sur un phénomène de mouvement, et d'autre part, une manière de mesurer le mouvement qui ne soit fondée sur l'observation du temps. Les saints Thomas de la science, qui prétendent ne croire qu'à ce qu'ils touchent, s'enferment dans un cercle vicieux d'où ils ne peuvent plus s'échapper : pour la vraie science, qui se confond avec la vraie philosophie, ce qui semblait une contradiction devient une harmonie ; elle s'ouvre à l'idée du temps, comme à toutes les idées élémentaires et la regarde comme une des formes de l'absolu, de l'infini : elle accepte comme des axiomes les lois du mouvement uniforme, et découvre celles de tous les autres mouvements, en les considérant, par un ingénieux artifice de la pensée, comme des mouvements uniformes qui ne durent qu'un temps infiniment petit.

L'idée de la force est comme celle de l'espace, du temps, une des formes de l'absolu : toutefois notre esprit est ainsi fait, que cette idée ne lui apparaît point, comme les précédentes, avec des caractères d'universalité, d'éternité, de constance. La raison en est simple : c'est par les *forces* que nous expliquons toutes les variations ; comment la *force* nous apparaîtrait-elle comme quelque chose d'invariable ? On ne devine pas du premier coup, qu'il y a une certaine quantité de force répandue dans la matière qui, la tenant sans cesse en mouvement, en produit toutes les métamorphoses, qui, d'un corps passe dans les autres, sans jamais rien perdre de son énergie, qui remue le moindre tourbillon atomique, comme elle lance les planètes dans leurs gigantesques orbites et promène les soleils à travers l'infini des cieux.

Il y a longtemps que le génie profond de Descartes avait entrevu cette grande vérité : « Je tiens qu'il y a une certaine quantité de mouvement dans toute matière créée, qui n'augmente et ne diminue jamais, et ainsi, lorsqu'un corps en fait mouvoir un autre, il perd autant de mouvement qu'il en donne, comme lorsqu'une pierre tombe de haut sur la terre, si elle ne retourne pas et qu'elle s'arrête, je conçois que cela vient de ce qu'elle ébranle cette terre et ainsi lui transfert tout son mouvement. » Mais il y a dans la nature autre chose que des mouvements visibles, des chocs, des transports de masses ; les atomes sont remués tout comme les corps ; on peut même affirmer qu'ils sont sans cesse en mouvement, au lieu que les corps sont quelquefois en repos.

Partout, en tout temps, l'atome, possédé d'une infatigable énergie, se balance, ondule, voltige, vibre, qu'il soit logé dans les corps ou perdu dans les espaces éthérés qui séparent les astres. C'est la monade, traversée par un flux éternel de mouvement, qui, à chaque instant, subit l'action de l'univers, et la renvoie à l'univers. Qu'on montre un point dans le monde, où n'arrive aucun rayon lumineux, où s'éteignent les reflets de tous les

soleils, où toute chaleur soit anéantie, où tout mouvement expire! La science moderne ne croit plus au
vide absolu et ses découvertes ont justifié l'horreur
instinctive des anciens pour le non-être. On admet aujourd'hui qu'il y a autre chose que des corps; il existe
une substance qui les entoure et les pénètre et qui
remplit le monde entier. Un rayon de lumière qui va
du soleil à la terre, est une colonne d'éther en vibration. Dans le vide barométrique, il n'y a plus d'air,
mais il reste encore quelque chose. Cet inconnu, dont la
masse est si faible que nous sommes obligés de le nommer impondérable, est pourtant animé encore par une
part, si faible qu'elle puisse être, de l'énergie universelle. Il règne une certaine température dans le vide
barométrique, et ce vide peut servir de véhicule à toutes
les forces directrices, telles que la gravité ou le magnétisme.

La force est ce qu'il y a de plus mystérieux dans la
nature; elle est dans la substance et n'est pas la substance : ou plutôt la substance étant perpétuellement
active et passive, en tant que passive, elle subit l'action
de la force; en tant qu'active, elle devient force à son
tour. Car il ne faut point imaginer la force comme
quelque chose d'extérieur à la matière ordinaire, comme
une entité d'une espèce particulière qui se mêlerait aux
corps, y entrerait, en sortirait, au gré des circonstances.
Avant qu'on eût bien compris le caractère d'universalité de la *force*, telle était l'idée qu'on se faisait des
forces particulières; on parlait du fluide électrique, du
calorique, de la gravité, comme d'essences réelles, sur-

ajoutées en quelque sorte à la matière. Jusqu'à Rumford, on a cru que la chaleur était une matière entrant dans les interstices des corps, comme l'eau dans les canaux d'une éponge. Le langage de la physique n'est pas encore débarrassé de ces locutions vicieuses : fluide électrique positif, fluide électrique négatif. On a pour jamais renoncé pourtant aux théories qui considéraient l'électricité, la lumière, la chaleur, etc., comme des fluides circulant dans l'univers. Nous avons été conduits à regarder tous les phénomènes physiques comme de simples mouvements des corps ou de l'éther ; Fresnel a montré comment, en ajoutant de la lumière à de la lumière, on peut produire de l'obscurité, ce qui peut se comprendre dans la théorie des ondulations, mais devient inexplicable, si l'on regarde la lumière comme une substance. Les délicates expériences de Foucault et de Fizeau montrent aussi que la chaleur ajoutée à la chaleur peut donner du froid. La substance est une mer en mouvement ; mais nous n'y percevons comme mouvements que les déplacements visibles, les mouvements moléculaires nous sont révélés simplement comme des *qualités;* en se transmettant à nos sens, ils y déterminent nos impressions.

Théoriquement, il n'y a point de limite au nombre des mouvements moléculaires que nous pouvons imaginer ; chaque atome, dans la sphère d'action qui lui est assignée, peut être lancé sur une infinité d'orbites. Dans ce monde de l'infiniment petit, que les regards ne peuvent sonder, mais où l'imagination seule et la raison pénètrent, nous pouvons supposer que chaque molécule

soit un petit microscome; une certaine classe de mouvements se révèle par des impressions particulières;
le système nerveux s'émeut à l'unisson des vibrations
sonores, calorifiques, lumineuses, quand elles sont renfermées entre certaines limites étroites; mais combien
n'y a-t-il pas de mouvements atomiques qui nous échappent? combien la substance n'a-t-elle pas de qualités
que nous sommes condamnés à ignorer?

Quand nous pensons au phénomène du mouvement,
nous nous représentons d'ordinaire et presque instinctivement, le déplacement d'une masse, c'est-à-dire d'un
agrégat d'atomes, groupés et serrés ensemble, sans son-
ger qu'à l'intérieur de cette masse, chaque atome est lui-
même emporté par un mouvement. Le spectacle du ciel,
de cette sphère infinie que nous voyons entraînée chaque
jour dans sa majestueuse rotation, les planètes qui tour-
noient lentement autour du soleil, les grands cataclysmes
naturels, voilà les phénomènes grandioses qui donnent
naturellement à notre esprit la conception la plus haute
de la force; mais l'énergie dépensée dans le transport des
corps n'est presque rien comparée à celle qui est diffuse
et cachée dans les atomes. C'est dans l'invisible, dans
l'imperceptible atome que gît la source éternelle de toute
force; c'est l'atome qui illumine, qui réchauffe le monde,
qui soutient les soleils dans leurs courses et qui retient
autour d'eux les masses tourbillonnantes des planètes
et des satellites.

J'ai distingué les mouvements des masses et les mouvements des atomes qui constituent les masses : les premiers visibles, les seconds invisibles; les premiers con-

stituant le transport général d'une substance matérielle,
les seconds n'étant que l'agitation intestine de la matière.
La science moderne a démontré que le mouvement des
masses peut se convertir en mouvement atomique, et
réciproquement. Meyer, Grove, Joule et d'autres ont
montré comment une certaine quantité de mouvement
peut être métamorphosée en chaleur, et comment la
chaleur anéantie comme chaleur, renaît comme mouvement visible. On n'a fait encore que quelques pas dans
le domaine ouvert par ces admirables découvertes, mais
l'esprit philosophique peut déjà s'emparer avec assurance
de cette vérité : les mouvements finis comme les mouvements infiniment petits sont dus à la même cause ; gravité, lumière, électricité, chaleur, magnétisme, ne sont
que les formes changeantes d'une énergie suprême et
universelle, que rien n'use, n'augmente ni ne diminue.
Une certaine quantité de force vive étant donnée et répandue dans des corps, elle s'y métamorphose d'après des lois
invariables et constantes, en même temps que ces corps
eux-mêmes se modifient. L'eau qui sort d'une fontaine
entre dans les canaux qui lui sont ouverts, et creuse
elle-même ces canaux; de même la force fait et défait
les corps, et est elle-même par eux transformée. Cette
action et cette réaction perpétuelles sont la vie même du
monde. S'il était permis, à défaut de termes plus con-
venables, d'emprunter ici le langage de la psychologie,
je dirais volontiers que la force est l'âme de l'univers,
et que les lois qui en règlent les transformations sont
les idées de cette âme toute-puissante et éternelle.

On n'a pas tout dit, en effet, quand on a affirmé

qu'aucune force n'est perdue, que rien ne peut être
soustrait à l'énergie universelle; il faut encore ajouter que dans chaque circonstance particulière, la force
opposée à des objets particuliers s'y distribue, s'y métamorphose suivant des règles invariables. Considérez
cette source magnifique d'énergie, le soleil; la force qui
en émane est tantôt force d'impulsion appliquée à des
masses, tantôt chaleur, tantôt lumière, tantôt affinité
chimique, tantôt vie végétale et animale. Ce n'est point
au hasard que les dédoublements, les fractionnements
de la force primitive s'opèrent; c'est en vertu de lois,
de fonctions qui relient toutes les qualités variables de
la substance. Ces fonctions ont une existence réelle; la
forme que leur donne la science peut être incomplète,
elle peut manquer de simplicité, de grandeur, mais cette
imperfection n'est pas dans la loi naturelle, elle est
tout en nous-mêmes : la loi existe au même titre que
le phénomène; elle n'est pas seulement subjective, elle
est aussi objective. On nie l'existence du fluide électrique, on ne saurait nier les lois de l'électricité; on
peut critiquer le mot d'attraction universelle, on serait
mal venu à critiquer les lois de l'attraction. Comment la
pensée humaine a-t-elle pu jamais s'enivrer assez d'elle-
même, pour croire qu'elle était le vrai créateur et l'unique réceptacle des lois de l'univers? Pense-t-on que
l'homme a toujours existé et qu'avant lui tout était
désordre et chaos? Quelle âme poétique n'a mis en
contraste nos douleurs avec l'indifférence suprême de la
nature, et n'a senti que l'ordre universel qui nous
enveloppe n'a rien à souffrir de la véhémence de nos

sentiments et de nos passions? Nous ne sommes nous-
même que l'œuvre éphémère de la force divine répandue en toutes choses, œuvre d'une délicatesse extrême,
si fragile, si tendre, qu'un rien nous déchire et nous
brise ; l'humanité est la fleur la plus brillante de l'arbre
de la vie, mais cet arbre plonge ses racines dans les profondeurs les plus lointaines du passé et sa séve puissante
est sortie des entrailles de la terre, bien avant que
l'homme eût paru, tremblant et nu, sur la planète dont
il devait devenir le roi.

Les fonctions qui règlent l'emploi de la force universelle sont même les *êtres* par excellence : les phénomènes
méritent à peine ce nom ; entraînés dans le courant du
temps, ils parcourent des moments successifs, et subissent
de perpétuelles variations. Les fonctions assurent la continuité des phénomènes, donnent la stabilité, l'ordre à la
matière, et en règlent les perpétuelles transformations.
C'est le plus beau prestige de l'homme de réussir à les
découvrir sous la forme changeante des apparences :
si fière toutefois qu'elle puisse être de son œuvre, l'in=
telligence humaine doit reconnaître qu'elle est seulement
une petite partie de l'intelligence répandue dans les
œuvres créées : elle ne saurait être d'un autre ordre, et
n'en peut différer que par l'étendue ; c'est pour cela que
toutes les opérations logiques de la pensée humaine sont
légitimes ; son domaine est assez vaste, son ambition
assez haute, puisqu'il lui est loisible de déduire les conséquences les plus extrêmes des grands principes qu'elle
a reconnus en elle-même et dans le monde, puisqu'elle
peut poursuivre des idées dans les faits, chercher le plan

même de la création, se reposer dans la contemplation des lois et passer incessamment du fini à l'infini, du contingent au nécessaire, de ce qui est mobile à ce qui est éternel.

### Gravité.

De toutes les lois de l'univers, il en est peu dont l'expression soit plus simple que celle de l'attraction universelle : « Tous les corps s'attirent en raison directe de leurs masses et en raison inverse du carré des distances. » Nous trouvons dans cette formule la simplicité numérique qui plaît à notre esprit : car avec le symbole des exponentielles, tout carré s'exprime à l'aide du nombre 2. On peut considérer les masses comme les mesures de la résistance au mouvement; un corps a deux fois plus de masse qu'un autre, quand la même impulsion lui imprime une vitesse deux fois plus faible; masses et distances, voilà donc tout ce qui entre dans la loi de l'attraction. Le temps n'y figure pas, ce qui revient à admettre implicitement que dans une quantité donnée de matière, la résistance au mouvement demeure éternellement la même.

La découverte de la loi de l'attraction restera toujours au nombre des plus belles victoires de l'esprit humain. Si un Aristote ou un Pline pouvaient renaître, notre astronomie moderne serait pour ces grands esprits un bien autre sujet d'étonnement que nos machines à vapeur, nos locomotives, nos bateaux, nos canons, nos imprimeries. Quelle ne serait pas leur surprise en apprenant que la science a brisé ces sphères de cristal

auxquelles l'antiquité attachait les corps célestes,
que la terre n'est plus considérée comme le centre du
monde. De l'astronomie ancienne, il ne reste rien que
les noms des principales planètes et les signes cabalis-
tiques qui servent encore à les désigner. L'antiquité,
ignorant la force attractive des mondes, ne pouvait
imaginer qu'ils fussent suspendus dans l'espace vide,
sans aucun soutien. Copernic le premier les y lança et
replaça le soleil au centre de notre système : « Par
aucune autre combinaison, je n'ai pu, écrivait l'illustre
chanoine de Frauenburg, trouver une symétrie aussi
admirable dans les diverses parties du grand tout, une
union aussi harmonieuse entre les mouvements des
corps célestes, qu'en plaçant le flambeau du monde, ce
soleil qui gouverne toute la famille des astres dans leurs
évolutions, sur un trône royal, au centre du temple de
la nature. »

On le voit, Copernic devinait l'action directrice du
soleil, mais il n'envisageait pas encore cette force immanente à la masse solaire comme une propriété commune à toutes les parties de la matière. Soixante-treize
années après sa mort (1543) Kepler trace les grandes
lois des mouvements planétaires, lois qui conserveront
éternellement son nom.

1$^{re}$ *loi*. — Les planètes décrivent des ellipses dont le
soleil occupe un des foyers.

2$^e$ *loi*. — Le rayon vecteur, c'est-à-dire la ligne variable qui joint le soleil à la planète, engendre, dans
sa rotation, des surfaces égales en des temps égaux (loi
dite des surfaces ou des *aires*).

3° *loi*. — Les carrés des temps des révolutions sont entre eux comme les cubes des grands axes des orbites.

Ces trois lois contiennent implicitement celle de l'attraction universelle; les mouvements qu'elles définissent ne peuvent être engendrés que par une force agissant dans la direction même des masses, et variant avec leur distance. Ce fut pourtant soixante et dix ans seulement après la découverte de Kepler, que Newton tira de ces lois la formule de la gravité. Son puissant génie, pénétrant en quelque sorte la matière, y découvrit une force qui n'agit pas seulement dans le Soleil, mais qui est en activité dans chaque planète, dans chaque satellite, qui se trahit dans le mouvement de la pierre tombant sur le sol, aussi bien que dans l'éternelle chute de la lune sur la terre ou de la terre sur le soleil. Copernic avait tiré la terre de l'immobilité, Newton en tira le soleil. L'astre central obéit, comme le plus menu des corps, aux impulsions de la force universelle. Si la terre tombe toujours, en quelque sorte, sur le soleil, le soleil aussi tombe toujours sur la terre. Ce n'est pas autour du centre solaire que tourbillonnent toutes les planètes, c'est autour du centre de gravité d'un vaste système, où elles sont elles-mêmes renfermées; et si le centre de gravité est très-rapproché du centre de l'astre lumineux, c'est seulement parce que sa masse, bien plus grande que celle de toutes les autres planètes réunies, lui assigne la prépondérance. On ne peut plus parler du centre de l'univers; il n'y a rien d'immobile; tous ces grands corps en mouvement autour d'un globe immense, recherchent incessamment un équilibre qu'ils ne peuvent jamais atteindre, et, dans l'éternelle série des temps, ne se retrouvent jamais dans des positions respectives qui soient parfaitement identiques.

Les perturbations mêmes du système planétaire, qui ont quelque temps paru mettre en défaut la loi de l'attraction, ont servi à en faire ressortir la vérité, quand l'analyse mathématique en a démontré la périodicité. Aucun des éléments de notre géométrie céleste n'est absolument immuable, mais toutes les variations y sont soumises à un ordre admirable. On peut distinguer deux sortes de perturbations, celles qui troublent le mouvement des planètes dans leurs orbites, et celles qui affectent les plans des orbites elles-mêmes; tantôt l'ellipse planétaire s'enfle, tantôt elle s'aplatit; parfois la planète est plus près et parfois plus loin du soleil : enfin, les plans des orbites se meuvent lentement; non-seulement ils se rapprochent ou s'éloignent les uns des autres, mais encore les lignes de leur entrecroisement sont entraînées dans un tournoiement perpétuel. Les plus grandes perturbations de notre système dépendent de Jupiter, car son orbite occupe une place médiane, et sa masse est très-considérable. Ces perturbations pourraient même devenir inquiétantes pour l'ensemble du système, si elles n'étaient contre-balancées par celles dont Saturne est la cause. La place de cette dernière planète est telle, en effet, qu'elle ne peut jamais ajouter son attraction à celle de Jupiter; elle lui fait sans cesse contre-poids, et diminue des dix-neuf vingtièmes son action perturbatrice.

Les mouvements de ces deux grands corps ont été, depuis longtemps, l'une des principales préoccupations des astronomes. Dès le commencement du XVII<sup>e</sup> siècle, on avait remarqué que l'orbite de Jupiter s'élargit sans cesse, de façon que cette planète s'éloigne toujours du soleil et se meut de plus en plus lentement, comme sur une sorte de spirale : un phénomène tout contraire s'observe dans Saturne dont l'orbite se resserre et la vitesse augmente. S'il n'y avait aucune limite à l'action des forces qui déterminent ces perturbations, ces deux corps finiraient par se rencontrer. Laplace dissipa ces craintes chimériques ; il montra que les variations d'excentricité de ces deux planètes sont périodiques, et qu'au bout d'un cycle de 932 années le rapport de leurs excentricités se retrouve le même.

Les périodes qui marquent les phases des mouvements orbitaires sont plus longues encore. Il faut 25 600 ans pour que le pôle céleste achève sa révolution, 100 000 ans pour que le périhélie de notre orbite accomplisse la sienne, et, pour les planètes les plus éloignées du soleil, cette phase exige encore un plus grand nombre de siècles.

De tous les éléments du mouvement planétaire, il n'en est qu'un qui demeure intact, c'est la longueur du grand axe, et, par conséquent, la durée de la révolution autour du soleil : cette circonstance est de la plus haute importance au point de vue de la stabilité de notre système. La mécanique démontre, en effet, qu'une perturbation qui affecterait la longueur du grand axe, si impuissante qu'elle fût au début, amènerait bientôt des conséquences désastreuses, car cette variation ne serait pas enfermée dans les limites d'une périodicité plus ou moins étroite, et toujours se développerait dans le même sens. Les planètes, ou se rapprocheraient sans cesse du soleil et finiraient par s'y précipiter, ou s'en éloigneraient toujours davantage et iraient se perdre dans les champs écartés de la nuit. Lagrange démontra, le premier, que toutes les influences perturbatrices s'annulent quand il s'agit de la longueur des grands axes orbitaires; tout change, dans l'ellipse idéale qui marque la course des planètes autour du soleil, tous les éléments oscillent éternellement autour de certaines valeurs moyennes, mais, dans cette figure toujours fuyante, un trait demeure inaltérable.

La permanence des grands axes assure la constante durée des révolutions planétaires; le fil idéal qui attache chaque corps au soleil, et qui tourne autour de la grande masse centrale comme la fronde autour de la main, décrit toujours un cercle entier dans le même temps; mais cette période varie d'une planète à l'autre, et, chose vraiment extraordinaire et bien digne d'attention, les nombres qui expriment la durée des révolutions planétaires sont incommensurables, c'est-à-dire que leurs rapports ne peuvent s'exprimer par des nombres entiers. On ne peut dire d'aucune de ces révolutions qu'elle est exactement deux fois, ou trois fois, ou quatre fois plus longue qu'une autre. S'il en était autrement, on comprend que les influences perturbatrices seraient singulièrement aggravées dans le système; on pourrait imaginer des conjonctions qui deviendraient fatales à l'harmo-

nie du système ; il faut donc voir une condition d'ordre
dans ce qu'on pourrait appeler le désordre numérique
des révolutions. C'est ainsi que bien des harmonies
naturelles se cachent sous des apparences qui, au premier abord, troublent et confondent l'esprit. Le vulgaire est habitué à considérer le ciel comme le domaine
de la symétrie et de l'ordre absolus ; la régularité des
saisons, la certitude des prédictions astronomiques, et
cet air d'éternité, d'immutabilité répandu dans le monde
étoilé, tout lui fait croire que la création est comme
une machine dont les rouages se meuvent toujours de
même façon et accomplissent infatigablement le même
ouvrage. Mais, à ne regarder que notre système planétaire, on peut dire que tout y varie sans cesse ; ce puissant organisme a comme une vie propre, il ne ressemble
jamais entièrement à lui-même ; la gravité, cette âme
toute-puissante, agite toutes les parties du tourbillon
fuyant, où toutes les parties se recherchent sans pouvoir
jamais s'atteindre.

La gravité ne retient pas seulement les planètes et les
satellites autour du soleil, elle conduit tout le système
à travers l'espace sur une orbite encore inconnue ; elle
remue, non-seulement notre soleil, mais les soleils lointains que nous nommons les étoiles. On a montré de nos
jours que l'attraction est une force vraiment universelle,
dont l'empire s'étend bien au delà des bornes d'Uranus et
de Neptune. L'observation des étoiles doubles a permis
de retrouver les effets de la gravité à des distances presque
incommensurables, dont aucune unité de longueur ne
nous permet plus d'obtenir une expression capable de

saisir l'esprit. Il y a aujourd'hui jusqu'à 6000 étoiles
doubles cataloguées. Un grand nombre de points lumineux, qui paraissent dans le ciel uniques, se dédou-
blent sous le puissant grossissement des télescopes,
et nous montrent des systèmes lointains qui ont deux
soleils. Il y a même des groupes triples et quadru-
ples d'astres lumineux. L'étoile Thêta de la radieuse
constellation d'Orion se résout en quatre soleils principaux, rangés en trapèze, et accompagnés encore de deux
soleils plus petits. Si chacun d'eux a un cortége de planètes et de satellites, pour nous invisibles, on peut aisément se figurer quelle doit être la complication des
mouvements dans ce monde lointain. Ce qui ajoute
encore à la magnificence de ces spectacles dont nous
n'avons qu'un reflet si affaibli, c'est que les soleils
sont fréquemment de diverses couleurs dans le même
système. Il est rare que les deux composantes d'une
étoile double aient la même nuance ; elles montrent
d'ordinaire les associations du blanc et du bleu, du
jaune et du bleu, du rouge et du bleu sombre, du
rouge et du vert, du blanc et du pourpre. L'un des
soleils de Gamma du Lion est jaune d'or, l'autre vert
rougeâtre. Bêta du Cigne y montre deux compagnons,
l'un jaune, l'autre bleu de saphir. Gamma d'Andro-
mède en a trois : l'un d'un magnifique orangé, les deux
autres d'un beau vert émeraude.

On a été bien longtemps sans percevoir le moindre
changement dans la distance des astres ; l'imagination
populaire s'est plu à comparer les étoiles à des clous
d'or fixés à une voûte majestueuse ; W. Herschel, le

premier, reconnut dans la lumineuse poussière des cieux
des groupes à l'intérieur desquels on aperçoit de légers
mouvements relatifs. On a suivi un certain nombre
d'étoiles dans leurs orbites, qui, à la distance où nous
sommes placés, reste renfermées dans des angles visuels
d'une extrême petitesse. Il a même été possible, dans
certains cas, de calculer tous les éléments de ces orbites
et de mesurer la durée des révolutions des soleils ju-
meaux les uns autour des autres (1).

La loi de l'attraction se vérifie encore dans les mouvements de ces grands corps placés aux limites de notre
champ d'observation, et il semble impossible, en présence
d'une semblable vérification, de ne pas admettre que
cette loi ne soit vraiment universelle : pourquoi serait-
elle vraie jusqu'à Sirius et ne le serait-elle pas au delà ?
Bessel a créé ce qu'on pourrait nommer l'astronomie de
l'invisible ; il a surpris les perturbations exercées par des

(1) L'étoile Xi de la grande Ourse se décompose en deux autres,
l'une de quatrième, l'autre de cinquième grandeur. La plus petite
composante tourne autour de la plus grande en 61 ans. L'excentricité
de l'ellipse qu'elle décrit est égale à 0,43 ; l'orbite est donc beaucoup plus allongée que celle des planètes de notre système ; car la
plus grande excentricité, celle de Mercure, n'y dépasse pas 0,20.

L'orbite du compagnon d'Alpha du Centaure est encore plus allongée : l'excentricité y atteint 0,74. La révolution totale s'accomplit
en 79 années ; le demi-grand axe a environ 1640 millions de kilomètres de longueur. Ce petit soleil est donc placé vis-à-vis de son
centre d'attraction à une distance à peu près intermédiaire entre celles
qui séparent Saturne et Uranus de notre soleil.

Les deux étoiles de 61 du Cygne donnent une orbite dont le rayon
moyen est environ 45 fois aussi grand que celui de l'orbite terrestre ;
la révolution s'accomplit en 450 années.

Citons encore quelques chiffres : l'étoile Rhô d'Ophinchus accomplit sa période en 92 ans ; Zêta d'Hercule en 36 ans ; Éta, de la
Couronne, en 67 ans ; Gamma de la Vierge, en 169 ans.

centres obscurs sur les mouvements de Sirius et de Procyon. Après lui Peters (de Pulkowa) a même réussi à mesurer l'orbite de Sirius autour du soleil éteint qui l'attire. La révolution de cette étoile s'accomplit dans la courte période de 50 années.

On arrive donc à considérer la gravité comme une propriété immanente à tout ce qui est matériel; la science s'arrête à la formule de l'attraction, satisfaite d'y trouver l'expression générale de tous les mouvements des corps : elle ne se demande point si la gravité est une cause ou un effet, si elle produit le mouvement ou est produite par le mouvement : elle saisit un rapport, et ne cherche rien de plus. Mais l'ambitieuse pensée de l'homme n'est pas aussi aisément satisfaite. De quoi nous parle Newton? De masses, c'est-à-dire de résistance au mouvement et d'attractions, expressions tout humaines, empruntées à un langage où respire la passion personnelle. La matière peut-elle *résister*, *attirer?* Quel est ce lien invisible qui unit une molécule du soleil à une molécule de la terre, et les joint à travers le vide? Pouvons-nous nous figurer l'astre central comme l'araignée au milieu de sa toile, occupée à en tendre les fils? Quand nous perçons les mots pour arriver aux choses, que devons-nous penser de l'attraction universelle? Si un doigt tout-puissant arrêtait à un instant donné tous les corps célestes, conserveraient-ils leur force attractive? Et s'ils la conservaient, où se précipiteraient-ils? Il y a un centre de gravité du système solaire, il en existe un dans le monde de Sirius, dans chaque monde stellaire. Y a-t-il un centre de gra-

vité de l'univers infini ? Ce n'est point une folle imagination qui dicte toutes ces questions ; si l'on considère
la gravité comme une propriété de la matière, indépendante du phénomène du mouvement, il faut admettre
que tous les corps célestes ont été tirés du repos par une
impulsion initiale ; sans pouvoir définir, d'ailleurs, une
action qui n'aurait été exercée que pendant un instant,
pour être anéantie ensuite à jamais. C'est pourtant à cette
théorie du monde que se sont attachés la plupart des
philosophes et des astronomes ; l'esprit humain, épris
des causes, cherchant en toutes choses les commence-
ments, s'est complu dans cette conception grandiose et
tragique d'un univers livré au repos absolu, puis tiré tout
d'un coup de l'immobilité par une action toute-puissante,
mais instantanée, et maintenu dans un équilibre toujours changeant par le jeu d'une force éternelle.

> Lorsque du Créateur la parole féconde
> Dans un instant fatal eut enfanté le monde
>         Des germes du chaos,
> De son œuvre imparfaite il détourna la face,
> Et, d'un pied dédaigneux, la lançant dans l'espace,
>         Rentra dans le repos (1).

Les idées nouvelles, répandues depuis quelques
années, sur les rapports entre les mouvements visibles
des corps et leurs mouvements invisibles, entre la gravité et la chaleur, l'électricité, la lumière, ne nous permettent plus de rester enfermés dans la théorie dynamique de l'école newtonienne. Quand on veut nous

---

(1) Lamartine, *Méditations poétiques : le Désespoir*.

transporter à des temps antérieurs à l'origine du mouvement, nous avons le droit de demander s'il s'agit seulement du mouvement visible des corps, ou si l'on doit supposer anéanties jusqu'à ces vibrations de l'infiniment petit sans lesquelles il n'y a ni chaleur, ni lumière, ni qualités d'aucune sorte, sans lesquelles, en un mot, nous ne pouvons avoir aucune conception de la substance matérielle. Dès que nous concevons la substance comme douée de qualités déterminées, il n'y a plus besoin d'invoquer une intervention extérieure et soudaine pour expliquer l'origine des mouvements visibles ; ces derniers n'étant qu'une simple transformation du mouvement atomique, et la force qui s'y déploie visiblement ne comptant que pour peu de chose dans la force universelle qui anime le monde.

Si nous supposons que la terre soit arrêtée tout à coup dans sa marche impétueuse, la physique moderne nous montre que toute la force vive, employée à mouvoir actuellement notre planète, se trouverait du même coup métamorphosée en chaleur : on peut même calculer que la quantité de chaleur instantanément dégagée serait capable d'élever un globe de plomb de mêmes dimensions que le nôtre, à la température de 384 000 degrés centigrades. Nous n'avons aucune idée, même approximative, d'une telle chaleur ; elle dépasse tout ce que nous montre actuellement la nature, tout ce que nous pouvons obtenir dans nos fourneaux métallurgiques. Arrêtez la terre, et du même coup vous la réduisez en vapeur. Mais qu'on se figure le soleil lui-même, interrompant sa course vers la constellation d'Hercule : cette masse gigantesque se volatiliserait à l'instant et l'accroissement de la température y serait si considérable, que les particules solaires seraient projetées jusqu'aux limites des orbites planétaires les plus éloignées ; l'astre lumineux redeviendrait une nébuleuse cosmique, soumise aux températures les plus ardentes. Qu'ai-je voulu prouver en faisant ces bizarres hypothèses ? C'est qu'on ne peut supprimer ou introduire le mouvement dans le monde matériel, sans y tout changer de fond en comble. Qu'on arrête tout travail mécanique dans notre système solaire, et l'on brise du même coup le soleil, les planètes, les satellites, on ramène toute la substance qui les compose à je ne sais quel chaos atomique, où demeurerait diffuse toute l'énergie en ce moment concentrée dans le mouvement des grands corps célestes. Réciproquement, il faut bien admettre que le travail mécanique, en ce moment dépensé dans le mouvement des grandes masses, a dû primitivement sortir de l'énergie diffuse dans la substance matérielle, au fur et à mesure que ces masses elles-mêmes se sont formées. Une partie de la chaleur, de l'électricité, de la lumière répandues dans l'univers ont été ainsi métamorphosées en travail mécanique ; la science ne pourra jamais jeter qu'un regard furtif sur les abîmes des âges passés ; elle ne peut assister à l'embryogénie des mondes, ni savoir comment prennent naissance les corps célestes au sein de l'abîme atomique ; elle a toutefois saisi des rapports si constants, si nécessaires entre le mouvement des atomes et celui des masses, qu'elle est forcée d'admettre pour l'un comme pour l'autre la même origine et la même éternité.

L'histoire du monde n'est point une succession de coups de théâtre, ce n'est point un drame où s'introduiraient à tout moment de nouveaux personnages : tout s'y lie, tout s'y développe, tout s'y soutient. La force universelle, en transformant sans cesse les corps, se transforme elle-même et apparaît tantôt comme gravité, tantôt comme qualité. L'hypothèse d'une impulsion primitive, qui aurait lancé chaque planète sur la tangente à sa future orbite, tandis que la gravité l'attirait sur le rayon vecteur, n'est qu'une conception géométrique ingénieuse, mais toute artificielle, et la physique moderne ne saurait l'admettre. Qui expliquera ce qu'est une force instantanée et purement idéale ? Il n'y a pas de force sans corps *fort ;* la force est toujours bilatérale, elle n'est que l'action d'une partie de la substance sur une autre partie de la substance. Nous ne saurons peut-être jamais avec précision suivant quelles lois la force vive répandue dans l'univers se répartit en des millions de canaux, en donnant naissance à l'infinie variété des phénomènes, mais nous savons déjà que le travail mécanique, entretenu par la gravité, n'est qu'une bien petite fraction du travail de la nature : les œuvres qui captivent le plus impérieusement l'admiration, sont ces grands corps qui roulent sans relâche dans leurs orbites ; mais l'ouvrier partout actif, c'est l'invisible, c'est l'atome.

Laplace a essayé de retracer à grands traits l'histoire de notre système solaire ; sa grande hypothèse cosmogonique nous fait assister en quelque sorte à la naissance des corps planétaires. Qu'on se représente avec lui une immense nébuleuse remplie de matière diffuse ; une telle masse, si on la supposait immobile, conserverait naturellement une forme sphérique; mais si elle est entraînée, comme l'est encore aujourd'hui le soleil, autour d'un centre de gravité lointain, la sphère se déformera et prendra la forme d'une goutte qui tombe. Il faut admettre que cette masse gazeuse, en même temps qu'elle était emportée dans son mouvement de translation, tournait sur elle-même, et s'aplatissait ainsi autour de son axe de rotation. On doit donc se figurer la nébuleuse solaire comme un énorme disque tournant, à section non circulaire, mais à peu près ovale ou elliptique. A mesure que la nébuleuse se condensait, il devait arriver un moment où, sur les bords du disque, la force attractive faisait exactement équilibre à la force centrifuge; un anneau de matière cosmique pouvait alors se séparer sans difficulté du reste de la masse, et, comme la pesanteur n'y était pas uniforme en toutes les parties, cet anneau se brisait, se contractait en une seule masse sphéroïdale et plus ou moins aplatie. Cette masse n'était autre chose qu'une planète en voie de formation; des phénomènes tout pareils à ceux qu'on vient de décrire y déterminaient successivement la séparation des satellites et la condensation du noyau central. Pendant ce temps, la nébuleuse solaire, réduite à des dimensions plus petites, abandonnait de nouveaux anneaux cosmiques, dont chacun se métamorphosait en planète. Au centre de gravité du système restait le soleil dont la masse diminuée continuait cependant à régler tous les mouvements de ces corps qu'il avait un à un laissés derrière lui.

Dans le système solaire actuel, il n'y a rien qui ne soit en harmonie avec la grande hypothèse de Laplace, rien du moins qui nous oblige impérieusement à la rejeter : les orbites planétaires, bien que n'étant pas exactement situées dans le plan de l'équateur solaire, en sont du moins toutes assez rapprochées. Le petit monde saturnien nous offre comme une miniature des phases que la nébuleuse terrestre a traversées ; il n'est pas impossible que l'espèce humaine assiste un jour à la rupture de ce merveilleux anneau que l'astronomie ne connaît que depuis deux siècles. Le mouvement elliptique des planètes s'explique dès qu'on admet qu'une attraction lointaine avait placé le centre de gravité de la nébuleuse solaire dans une position excentrique par rapport à son centre de figure. La translation générale de toutes les planètes dans le même sens, la direction commune de tous les mouvements rotatoires sont encore des arguments très-puissants qu'il est permis d'invoquer en faveur des vues cosmogoniques du grand astronome français. — Il ne faut cependant rien déguiser : si elles permettent d'embrasser presque tous les phénomènes dans une majestueuse unité, elles soulèvent aussi quelques difficultés qui n'ont pas encore été levées. La distribution des masses et des densités dans les planètes offre des anomalies qu'il n'est point aisé de concilier avec la théorie. Les plans orbitaires sont faiblement écartés, mais l'hypothèse de Laplace ne renferme rien qui puisse justifier un écartement, si minime qu'il soit. Enfin que faut-il penser des comètes qui se meuvent dans des orbites si variables et si excentriques, et qui cependant obéissent dans leurs mouvements aux mêmes lois que le monde planétaire?

Les comètes ne peuvent certainement pas être considérées comme formées par des anneaux détachés de la nébuleuse solaire; il faut peut-être les regarder comme des nomades, des étrangers arrivés accidentellement dans notre tourbillon. Les uns y demeurent et y décrivent périodiquement leurs immenses ellipses; les autres ne reparaissent plus, et ne traversent qu'une fois la zone attractive de notre soleil. La masse des comètes est si faible d'ailleurs qu'elle n'exerce aucune influence sensible sur la marche ordonnée des corps planétaires; le spectacle imposant des queues cométaires, de ces grands panaches qui traversent le ciel, frappe bien vivement l'imagination populaire ; mais ces traînées brillantes ont une densité si faible que l'on n'a rien à redouter de leur choc.

Si les comètes ne mettent pas en danger l'équilibre des cieux, elles ne méritent pas moins d'éveiller toute la curiosité des astronomes. Nous n'avons plus rien à apprendre sur les mouvements planétaires : ces grands corps solides qui sont comme les cadavres de la matière cosmique n'obéissent plus qu'à la gravité, mais les comètes nous montrent la matière cosmique à un état où elle peut subir toutes sortes de métamorphoses : elles nous révèlent l'existence de forces encore mystérieuses, qui diffèrent de la gravité. On ne saurait donc suivre de trop près les étonnantes transformations et les mouvements des comètes. On n'a vu d'abord dans ces grands corps errants qu'un noyau et une queue; mais que d'observations précieuses n'a-t-on pas réunies quand on a examiné les phénomènes de près? Les queues multiples, leur stratification en zones parallèles, les émissions antérieure et postérieure du noyau, les enveloppes qui se détachent périodiquement, qui s'éloignent et vont fournir de nombreux éléments à l'appendice caudal, tout cet ensemble curieux de modifications cosmiques opérées sous l'influence du soleil offre aujourd'hui à l'astronome comme au physicien une série nouvelle de problèmes, dont la solution est sans doute encore bien lointaine. Un astronome français, M. Faye, a tenté d'expliquer ces curieuses apparences par l'hypothèse d'une force répulsive exercée par la chaleur solaire sur la surface des comètes (1). D'autres ont pensé que le soleil agissait sur la matière du noyau, comme ferait une force polaire et directrice, pareille à la force magnétique. La science n'est pas encore fixée sur ces points délicats; toutefois il n'est plus guère permis de douter que la gravité n'est pas la seule force cosmique; son empire est universel, mais il y a des points où la matière est encore livrée à d'autres actions, et, si l'on refléchit que le monde est comme peuplé de comètes, qu'un bien petit nombre de celles qui traversent les cieux nous sont visibles, on se persuade que ces influences secrètes ne peuvent pas être sans importance. La science est comme un voyageur qui chemine sans cesse le long d'un rocher et au bord d'un précipice. D'un côté, tout est ferme et assuré; de l'autre, s'ouvre l'abîme. Le monde stellaire nous montre, dans

(1) Voy. *Revue des sciences,* par MM. Laugel et Grandeau. 1863, p. 21.

ses planètes et ses soleils, l'ordre, la constance, la stabilité, la symétrie ; les fugaces apparitions des comètes, la chute des aérolithes et des bolides ; les nébuleuses insolubles y représentente le désordre, c'est-à-dire un ordre dont la loi échappe à notre timide raison.

### Le mouvement invisible.

D'un seul trait, il faut revenir de l'infiniment grand à l'infiniment petit, des orbites décrites par les corps célestes aux orbites invisibles de l'atome. La pensée se promène aisément et librement dans les cieux, réduisant les grands corps qui les peuplent à de simples points ; elle n'y laisse subsister qu'une qualité, la masse, et y attachant des forces, elle compose en quelque sorte un monde tout géométrique. Dès qu'on veut entrer dans le monde véritable, il faut toucher les corps eux-mêmes, et se demander, avant toute chose, ce que c'est qu'un corps. Est-ce quelque chose d'homogène qui remplisse entièrement une portion donnée de l'espace? Mais comment dans ce cas verrions-nous les corps se dilater, se resserrer sous l'influence de la chaleur? Comment pourrions-nous mouiller les solides? mélanger les liquides et les gaz en toutes proportions? Comment la lumière pourrait-elle les traverser? Ce que nous appelons un corps n'est donc pas une chose simple, compacte, unique, mais une construction formée par un nombre infini de parties infiniment petites. C'est dans ce dédale que la science est obligée de descendre; il faut qu'elle y cherche la route de la lumière, de la chaleur, qu'elle

plonge dans ces petits tourbillons toujours en mouvement. L'astronome mesure les orbites d'astres qu'il peut
suivre des yeux dans leur course. Le physicien doit mesurer les orbites des molécules que son œil ne peut
apercevoir, et dont la pensée peut à peine se représenter le
mouvement. Les ignorants qui ne connaissent les sciences
que par leurs applications, les philosophes qui admirent
la constance et la généralité de leurs lois, ne savent pas
dans quel trouble et dans quelles incertitudes vit le véritable savant, qui ne se contente pas d'enregistrer des
faits, mais qui veut en pénétrer les causes les plus profondes. Loin de moi la pensée de vouloir jeter le moindre
discrédit sur les sciences! Mais il ne sert de rien de
cacher que l'immense édifice de la physique moderne
repose sur une simple hypothèse ; on construit des appareils optiques dont la puissance étonne le vulgaire, mais
ce vulgaire ne serait-il pas plus surpris encore s'il savait
que, pour expliquer tous les phénomènes lumineux, la
science a rempli tout l'univers d'une substance, diffé-
rant de toutes les substances connues, qui est partout
et qu'on ne peut saisir nulle part, dont aucune expérience directe ne démontre l'existence, qui échappe à
toute analyse, dont on dit enfin qu'elle existe uniquement
ment parce qu'elle doit exister. Loin qu'une telle impuissance soit une injure pour la science, elle en rehausse
au contraire la dignité : aucun de nos sens ne peut
percevoir l'*éther*, mais notre raison le perçoit, et la
science n'est pas seulement fille de l'observation, elle est
aussi fille de la raison.

Dans les théories abstraites du mouvement, on consi-

dère les corps comme ayant une parfaite rigidité : la
force s'appliquant en l'un quelconque de leurs points,
entraîne aussitôt toute la masse. On imagine ainsi, pour
expliquer le mouvement des corps graves, qu'ils soient
tous réduits à un point appelé le centre de gravité et
que l'attraction soit comme concentrée dans ce point.
Cette abstraction suffit pour un grand nombre de problèmes, mais elle laisse ignorer la manière dont les
forces se transmettent d'une partie à l'autre de la
matière. Comment comprendre que les corps se déforment, se dilatent, se contractent, se brisent, si nous ne
suivons pas la force au sein même des petits tourbillons
moléculaires qui composent les diverses substances?
Quand je pose un poids sur un corps, le géomètre inter-
prète ce phénomène en disant qu'au centre de gravité du
corps, une nouvelle force s'ajoute à celle qui s'y trouvait déjà fixée; le physicien veut savoir comment la
pression exercée par le poids se transmet à l'intérieur du
corps; les molécules de la surface qui subissent directement l'action du poids entrent les premières en mouvement; elles se déplacent; l'ébranlement se communique
aux voisines, et, de proche en proche, un nouvel équilibre
s'établit. La même chose arrive dans le poids lui-même,
il n'est pas seulement actif, il est aussi passif : la réaction
du corps comprimé y détermine un certain ébranlement
moléculaire qui se propage depuis la surface de contact
jusqu'à une certaine profondeur.

Il faut donc considérer tout corps comme un système de corpuscules matériels, maintenus dans leurs
positions mutuelles par certaines forces attractives ou

répulsives. Q'une nouvelle force s'introduise dans le système et tous ces corpuscules chercheront un autre état d'équilibre; de même, si un grand corps céleste était tout d'un coup lancé des profondeurs de l'espace dans notre système solaire, toutes les planètes, tous les satellites et le soleil lui-même seraient contraints de suivre des routes différentes. Cette comparaison est d'autant plus exacte qu'on a le droit de considérer chaque corpuscule matériel comme une sorte de petit monde, comme un tourbillon, qui comprend un certain nombre d'atomes en mouvement les uns en face des autres. La molécule est à sa façon un microcosme, où les atomes remplacent les corps célestes; celle du corps simple est un soleil sans appendices planétaires; la molécule composée est un soleil entouré de planètes; certaines molécules organiques complexes dépassent en complication tout ce que peuvent montrer les cieux.

Quelles sont les forces qui retiennent en présence tous ces petits systèmes dont l'agrégat seul est visible? Nous pouvons encore observer les effets de l'attraction universelle dans les étoiles doubles qui se décomposent aux yeux de l'astronome; mais c'est par analogie seulement que nous admettons que l'attraction règle aussi les mouvements de ces voiles nébuleux qui défient tous les instruments et dont on ne peut distinguer les soleils, agglomérés en vagues et lumineuses vapeurs. Les corps aussi sont des nébuleuses; nous apercevons leur ensemble, sans discerner aucune de leurs parties; toutes les tentatives pour chercher une limite à la divisibilité de la matière sont restées infructueuses : nous ne pouvons douter qu'il y ait des atomes, mais qui a jamais isolé un atome? Séduits par la grandeur et par la généralité de la loi newtonienne, les physiciens ont cru longtemps que l'attraction universelle était aussi la force qui devait expliquer la structure des corps et tous les phénomènes qui s'y rapportent. Ils ont pris cette force pour point de départ de leurs recherches sur les différentes parties de la physique, depuis la théorie de la capillarité jusqu'à celle de l'élasticité. Peut-être les progrès de la science nous amèneront-ils un jour à un principe plus général que l'attraction universelle, dont celle-ci ne serait en quelque sorte qu'une conséquence partielle, et qui serait capable de rendre compte de la mécanique moléculaire en même temps que de la mécanique céleste. L'action mutuelle de deux atomes matériels variant avec leur éloignement pourrait sans doute être exprimée par une formule dont, à de grandes distances, l'attraction newtonienne serait le seul terme important, mais qui, à de petites distances, serait représentée par des termes aujourd'hui encore inconnus.

On a renoncé à croire que les mouvements intestins de la matière soient réglés uniquement par l'attraction ; mais si la pesanteur n'est qu'une forme particulière de la force universelle, il est permis de supposer que la substance pesante n'est pas la seule substance existante, et le progrès des sciences les pousse d'ailleurs presque invinciblement à reconnaître que les molécules pondérables flottent dans une atmosphère impondérable. Ici encore se représente la comparaison entre les corps et les

cieux : là substance qui remplit les abîmes interplanétaires comble aussi les intervalles qui séparent les atomes.
Nous sommes revenus, après de longs détours, à la
croyance des anciens, qui rejetaient l'idée du vide absolu
avec horreur.

Descartes avait, comme les anciens, rempli l'univers
entier ; sa théorie, aujourd'hui trop oubliée, des tourbillons ne laissait pas une place vide dans l'espace. Les
grandes découvertes astronomiques de Newton jetèrent le
discrédit sur les imaginations du philosophe français ; il
fut admis dès lors que les corps célestes, entraînés par la
force centrifuge et gouvernés par l'attraction, se meuvent
dans un vide complet sans y rencontrer aucune résistance.
Si séduisante par sa simplicité grandiose, cette théorie
eut la bonne fortune d'être prônée par les écoles philosophiques et théologiques, parce qu'en réduisant l'astronome à la nécessité d'admettre une impulsion initiale
pour expliquer le mouvement de tous les corps, elle fait
apparaître en quelque sorte le doigt tout-puissant du
Créateur à l'origine de tous les phénomènes cosmiques.
Elle met l'homme en face d'un Dieu personnel, qui lance
les mondes dans l'univers sans limites et les abandonne
ensuite pour l'éternité à l'action de la pesanteur.

L'astronomie, qui jouit encore parmi les autres sciences
d'une royauté incontestée, a longtemps dédaigné leurs
humbles efforts, sans soupçonner qu'elles pourraient un
jour renverser ses théories. La physique a de nouveau
rempli les espaces interplanétaires que Newton avait
laissés déserts ; l'étude de la lumière et de la chaleur a
contraint les modernes à modifier toutes les notions

longtemps acceptées sur la substance et sur l'histoire du
monde. Au temps de Newton, on prenait la lumière
pour une substance infiniment subtile émanée des
corps lumineux et lancée en tous sens. Cette théorie
dite de l'*émission* avait quelque chose d'effrayant pour
l'imagination, mais l'esprit humain s'accoutume facilement aux conceptions les plus audacieuses. Pendant
combien de siècles n'avait-on pas pris la terre pour le
centre immobile du monde, et cru que la masse colossale
du soleil tournait autour de notre frêle habitation avec
une folle vitesse qui lui faisait parcourir toutes les vingt-
-quatre heures l'espace que la terre ne traverse en réalité
que dans 365 jours? Dans le système émissif, on admet-
tait sans hésiter que la substance lumineuse, détachée
du soleil, pouvait parvenir jusqu'à nous en quelques
instants. En étudiant les éclipses des satellites de Jupiter
en 1675 et 1676, Roemer avait calculé que la lumière
parcourt 311 136 kilomètres durant une seconde. Le
phénomène de l'aberration découvert en 1727 par
Bradley, c'est-à-dire le déplacement relatif des étoiles
fixes qui résulte de la translation de la terre d'un bout
à l'autre de son orbite, fournit un nouveau moyen de
calculer cette vitesse; par ce moyen Struve la trouva
égale à 307 794 kilomètres. M. Fizeau, à l'aide de miroirs rotatifs, parvint à mesurer cette vitesse à la surface
même de la terre, en observant un point lumineux placé
à 8633 kilomètres seulement de distance. Il arriva par
ce procédé au chiffre de 314 840 kilomètres. M. Foucault enfin, à l'aide de miroirs et d'appareils rotatifs, a
tout récemment fait une nouvelle détermination de la

vitesse de la lumière. Il a conclu de ses expériences que
cette vitesse est égale à 298 000 kilomètres seulement ;
et les instruments qu'il a employés sont d'une telle délicatesse qu'il croit pouvoir affirmer que les corrections
que ce nombre pourra subir ne sauraient s'élever au
delà de 500 kilomètres. Quelle que soit la théorie que l'on
adopte pour interpréter les phénomènes lumineux, il
faut bien accepter ces chiffres déduits des observations
astronomiques ou optiques les plus précises. Mais la
pensée se familiarise moins bien, ce me semble, avec
d'aussi prestigieuses vitesses, quand il s'agit de la translation, du transport d'une substance, que s'il est question
d'un simple ébranlement imprimé de proche en proche
à des molécules vibrantes.

On a réussi d'ailleurs à mettre aux prises, dans des
expériences directes, les deux théories fondées, la première sur l'hypothèse de l'omission, l'autre sur l'hypothèse qui attribue le phénomène lumineux à la propagation d'une simple vibration ou ondulation. Dans le
premier système, quand on cherche à expliquer la *réfraction*, c'est-à-dire le changement de direction que
subit un rayon lumineux en passant d'un corps dans un
autre, il faut admettre que la lumière se meut d'autant
plus vite qu'elle traverse un milieu plus dense, comme
si les molécules corporelles exerçaient sur la substance
lumineuse une sorte d'attraction. Dans la théorie ondulatoire, les choses sont au rebours ; l'ondulation doit
se propager plus vite dans les milieux les moins denses,
plus lentement dans les milieux les plus denses. Suivant
Newton, la lumière voyagerait plus vite, par exemple,

dans l'eau que dans l'air ; d'après Fresnel et les parti-
sans de la nouvelle école, elle passerait plus vite à travers
l'air qu'à travers l'eau. Arago comprit qu'en mesurant
directement la vitesse de la lumière dans deux milieux
successifs, il devenait facile de prononcer sans appel
dans la lutte ouverte entre les deux théories. Mais comment obtenir une semblable mesure? Par quel prodige
d'habileté mécanique, quelles combinaisons ingénieuses
de mouvements, pourrait-on saisir quelque différence
entre des vitesses si supérieures à tout ce qui nous est
familier? Ce problème a été résolu par M. Foucault, dont
le nom restera attaché à quelques-unes des expériences
les plus mémorables de ce siècle. L'ingénieux physicien
vérifia, en 1850, que la vitesse de propagation de la
lumière est plus petite dans l'eau que dans l'air; le rapport des vitesses dans ces deux milieux est égal à trois
quarts et correspond au rapport qui existe entre leurs
pouvoirs réfringents.

Cherchons à découvrir quelle peut être la nature du
mouvement, qui se propage avec une si fantastique rapidité et qui produit sur les sens l'effet de la lumière,
comme l'ébranlement de l'air, communiqué à l'oreille,
nous donne l'impression du son? Imaginons un rayon
de lumière, c'est-à-dire une suite d'atomes agités par
le mouvement lumineux : ces particules ne se déplacent
pas au hasard ; une parfaite harmonie préside à tous
leurs mouvements. Chaque atome se balance régulièrement autour d'un point initial ; après avoir achevé
sa course d'un côté du rayon lumineux, il revient et
continue sa course de l'autre côté, pour retourner en·

suite au point de départ ; de même un pendule oscille perpétuellement autour de la verticale. Tout le long du rayon lumineux, on peut toujours trouver à des distances égales, une série d'atomes arrivés à la même phase du mouvement ondulatoire ; cette distance est ce qu'on nomme la longueur de l'onde. Pour donner à la pensée une sorte de représentation graphique du phénomène, qu'on se figure une ligne légèrement sinueuse serpentant en sens alternativement opposés, autour d'une ligne droite ; et qu'on imagine les ondes fuyant le long de cette ligne avec la vitesse même de la lumière. L'atome ne se déplace pas dans le sens du rayon lumineux, il oscille seulement autour de sa direction, mais la courbe idéale qui joint les positions simultanées de tous les atomes, glisse le long du rayon lumineux en parcourant près de 300 000 kilomètres par seconde. Il faut ajouter encore que, dans la courbe dont je parle, deux éléments peuvent varier : la courbure des ondes et la distance des points d'inflexion qui rattachent l'onde descendante à l'onde ascendante. Toute variation du premier élément se trahit par un changement dans l'intensité de la lumière ; toute variation dans le second par un changement dans la couleur. D'après les mesures délicates de Fresnel, la longueur de l'onde entière comprenant l'onde ascendante et l'onde descendante, est pour la lumière violette égale à 0,000406 millimètres, pour la lumière rouge à 0,000645 millimètres. Comme la vitesse de propagation de toutes les ondes, petites ou grandes, est la même, on peut aisément calculer la durée des oscillations atomiques, quand on connaît la longueur des ondes.

Dans la lumière violette, les atomes accomplissent chaque vibration dans la fraction de seconde représentée par le nombre $\frac{1}{740000000000000}$ et, dans la lumière rouge, l'ondulation est achevée après $\frac{1}{381000000000000}$ de seconde. Si l'on compare le phénomène lumineux à celui du son, les couleurs se mettent en parallèle avec les hauteurs du ton ; la couleur rouge se rapproche des tons graves, et la couleur violette, placée à l'autre extrémité du spectre, est analogue aux notes aiguës.

Le rayon lumineux, tel que je l'ai défini, est un rayon simple, composé de lumière homogène, mais la lumière ordinaire ou blanche est, on le sait, formée d'un nombre infini de rayons de toute nuance ; nous les voyons s'étaler, se séparer dans le spectre solaire ; dans le rayon qui n'a pas encore traversé le prisme, ils restent tous mélangés. Il faut imaginer alors que tout le long du rayon se meuvent un nombre infini d'ondes, qui ont des longueurs différentes et qui se propagent cependant avec la même vitesse. L'atome leur obéit docilement, comme on voit un objet flottant sur l'eau et suspendu sur les ondes qui arrivent de divers côtés. Livré à une sorte de frémissement, il parcourt une petite orbite, tantôt plus longue, tantôt plus courte, tantôt circulaire, tantôt elliptique : parfois il va et vient en ligne droite et reste renfermé dans le même plan.

Il ne faut pas croire que les atomes d'un corps soient libres de vibrer en tout sens et de toute façon. Par cela même que l'atome fait partie intégrante d'un corps, il devient esclave, il est assujetti à des gênes ; son mouvement est enfermé entre de certaines limites. Cette sujétion se traduit par la plus étonnante, par la plus admirable solidarité entre les propriétés physiques des corps et leurs propriétés optiques. Vous ne pouvez déranger si peu que ce soit l'équilibre moléculaire, déplacer ou grouper d'autre façon les petits édifices matériels qui composent le corps, sans que ces changements se trahissent par une modification dans les phénomènes optiques. L'étude des cristaux surtout permet de découvrir ces profondes et secrètes harmonies. Dans ces polyèdres, en effet, les molécules ne sont pas mêlées au hasard, elles sont groupées géométriquement. Le corps non cristallisé c'est une forêt vierge où toutes les plantes, les lianes, les fleurs, sont confusément accumulées : le cristal est un quinconce qui a ses avenues, ses allées régulières.

Dans certains systèmes cristallins, les molécules sont ainsi disposées qu'un rayon de lumière en y pénétrant se dédouble et suit deux routes différentes. Fresnel soumit à l'analyse l'étude des cristaux biréfringents, en considérant la lumière comme produite par l'ondulation périodique des molécules, et il fut conduit à des résultats qu'on peut presque qualifier de merveilleux. Si un rayon lumineux se divise en deux branches dans certains milieux, cela tient à ce que la lumière peut s'y propager avec deux vitesses différentes, car la lumière ne se brise en passant d'un corps dans un autre que parce qu'elle modifie sa vitesse. Dans les cristaux biréfringents, l'onde lumineuse se dédouble; elle se décompose en deux nappes qui se développent simultanément autour du point de la surface d'où part l'impul-

sion primitive. Fresnel a fait connaître la surface des
ondes ; en analysant avec soin ses propriétés géométriques, Hamilton a pu annoncer certains phénomènes, que
l'observation a vérifiés, mais qu'elle n'aurait jamais dé-
couverts, sans doute, sans le guide de la théorie. Qui
aurait deviné, en effet, que sous certaines incidences
particulières, le rayon de lumière ressort du cristal
biréfringent non plus en deux rayons, mais en une infinité de rayons réunis en faisceau conique ou en faisceau
cylindrique. Lloyd a confirmé les prévisions de Hamilton et cette vérification expérimentale donne à la théorie
de Fresnel un caractère de certitude que nulle doctrine
mathématique, établie pour interpréter les phénomènes
naturels, n'a encore dépassé.

Il faut abandonner aux physiciens le soin de tirer
toutes les conséquences des fécondes idées de Fresnel :
la théorie ondulatoire explique les phénomènes optiques
les plus complexes et les plus délicats. Cependant elle
nous amène à une difficulté capitale, où il faut que je
m'arrête. On sait comment les ondes progressives se propagent à partir d'un centre d'ébranlement ; on peut les
suivre de proche en proche et connaître le mouvement
vibratoire de chaque point à un moment donné. Pourtant
il existe un point, un seul, dont le mouvement demeure
inconnu : c'est l'origine. Là se concentre le mystère :
tout s'explique, sauf ce qui se passe au foyer même d'où
part l'impulsion lumineuse. Pour satisfaire aux conditions
de la théorie et à l'explication des phénomènes, l'analyse
mathématique nous amène à cette étrange conclusion :
le centre de la surface des ondes doit exécuter des vi-

brations d'une amplitude infinie, et dans toutes les directions à la fois. On sent bien que cela est physiquement impossible. Faut-il donc qu'une théorie, qui a donné tant de preuves de fécondité, vienne échouer sur cette absurdité? Est-il impossible de croire qu'une suite de vibrations successives puisse être produite par un seul centre d'ébranlement? Ne vaut-il pas mieux chercher si, dans la description du phénomène ondulatoire, telle que je l'ai présentée jusqu'ici, quelque chose n'a pas été oublié? J'ai considéré le corps lumineux comme formé de molécules isolées; dans le cristal, ces molécules sont espacées suivant certaines lois géométriques; mais n'y a-t-il rien entre les molécules pondérables? Si elles existent seules dans le réseau, on est conduit à admettre, je l'ai dit, que le centre des ondulations exécute des vibrations d'une amplitude infinie et dans tous les sens. Il faut donc qu'il y ait une autre espèce de matière dans le système. Cette matière doit même être considérée comme le vrai milieu vibrant; la matière pondérable ne reçoit que le contre-coup des vibrations; elle oppose une résistance toute passive aux ondulations et en modifie par sa force d'inertie la vitesse et la direction. Les molécules plongées dans le milieu vibrant sont comme des navires qui flottent sur la mer et qui se balancent sur les vagues en opposant aux flots leur lourde carène. Dès qu'on imagine que les atomes soient entourés d'une atmosphère impondérable et vibrante, on peut très-bien concevoir qu'un atome devienne le centre d'ondulations périodiques. Il se passe alors, pour emprunter une comparaison d'un savant mathématicien, M. Lamé, quelque chose d'analogue au phénomène que présente une nappe d'eau parsemée de flotteurs cylindriques lestés, si l'on fait décrire à un seul de ces flotteurs plusieurs oscillations successives. Le flotteur ébranlé devient le centre d'un système d'ondes circulaires qui se propagent à la surface du liquide, et les autres flotteurs se meuvent comme l'eau ambiante. Cette matière hypothétique qui sert, en quelque sorte, de mer commune à tous les atomes, n'est autre chose que l'*éther*.

On me permettra d'user quelque temps de cette comparaison, qui, si grossière qu'elle soit en regard d'un phénomène si délicat, a cependant l'avantage d'en donner une sorte de représentation. Si nous supposons qu'un certain nombre de flotteurs, au lieu de demeurer indépendants les uns des autres se rapprochent, sous l'influence de certaines forces attractives, leur assemblage plus ou moins rigide sera une image de ce que nous appelons un corps. Or dans ce quinconce de flotteurs balancés dans le même liquide, on peut imaginer deux sortes de mouvements : les uns qui affecteront principalement les flotteurs, les autres qui les laisseront immobiles. Tout mouvement vertical du liquide se traduira par des oscillations verticales des flotteurs. Mais on peut imaginer que des courants horizontaux se propagent par les interstices laissés libres entre les flotteurs, sans que ceux-ci modifient leurs positions relatives ; ils pourront être entraînés ensemble, mais le quinconce demeurera intact ; ou si quelque force particulière le retient dans sa position primitive, le liquide passera à travers ses mailles, comme l'eau s'écoule entre les arches d'un pont. Revenons maintenant aux atomes matériels suspendus dans un milieu éthéré; il pourra de même arriver que les ondes qui se propagent dans ce quinconce moléculaire affectent principalement, suivant les circonstances, ou l'éther, ou les atomes.

Si nous pouvions pénétrer dans les moindres détours de l'édifice moléculaire, savoir de quelle manière l'éther est condensé autour de ses parties, mesurer les distances des atomes, connaître leur forme, leur grandeur, leur position, leur poids, nous verrions de quelle façon une impulsion primitive se dissémine et se propage dans ce délicat microcosme. Mais comment obtenir toutes les données d'un tel problème? S'il a fallu tant de siècles pour explorer notre vaste système solaire et si, chaque jour encore, l'astronomie y fait des découvertes nouvelles et souvent inattendues, combien ne faudra-t-il pas de temps et d'efforts pour connaître le petit monde des tourbillons atomiques? C'est dans les corps cristallisés que nous devons chercher les systèmes les plus simples; aussi la cristallographie est-elle le terrain où la physique mathématique peut marcher avec le plus de sécurité. Mais, même après les admirables travaux de Fresnel, de Cauchy, de Lamé, et si simple que soit l'édifice moléculaire dans ces corps où la nature s'asservit à des lois toutes géométriques, nous ne sommes pas encore capables de démêler avec précision quelle part, dans chaque espèce de mouvement, est laissée aux atomes et quelle part au fluide éthéré.

Il est évident que dans le milieu complexe qui com-

pose les corps, les deux éléments de la substance réagissent constamment l'un sur l'autre. Mais tantôt le phénomène emprunte ce que l'on pourrait nommer sa
caractéristique à l'agitation moléculaire, tantôt à l'agitation éthérée.

La même quantité de mouvement, en se propageant
dans des milieux divers, peut ainsi donner naissance à
des phénomènes très-variés et en apparence tout à fait
étrangers les uns aux autres. On ne peut plus douter
que la lumière, la chaleur, l'électricité, le magnétisme,
l'affinité chimique, enfin que la pesanteur elle-même ne
soient les manifestations variables de l'énergie mécanique
répandue dans le monde. S'il était permis d'en essayer
une classification grossière, on pourrait dire que dans le
phénomène lumineux, cette énergie s'épuise, en quelque
sorte, sur l'éther; l'électricité et le magnétisme semblent
dus surtout à un mouvement atomique; l'affinité chimique ne change pas seulement la direction des atomes,
elle les déplace, les remue, les groupe; enfin la pesanteur
transporte la masse entière des corps, sans changer
l'équilibre atomique. Toutes ces forces sont comme des
ouvriers auxquels sont dévolues des tâches plus ou
moins délicates, depuis la lumière qui joue avec l'impondérable, jusqu'à la pesanteur qui entraîne les
mondes.

Faire dans tout phénomène partiel la part de chacune de ces actions, telle est la tâche imposée à la physique; qu'il nous suffise, pour le moment, de remarquer
combien s'efface, dans le travail éternel de la nature, le
rôle de la pesanteur qui, pourtant, frappe si vivement

notre imagination par ses effets grandioses et directement perceptibles. Supposons que le mouvement des
corps célestes s'arrête tout d'un coup, et que tous les
corps restent condamnés à une éternelle immobilité, il
restera encore une source infinie d'énergie mécanique,
répandue dans les petits tourbillons moléculaires et dans
le fluide éthéré. Pouvons-nous cependant faire l'hypothèse inverse? Est-il permis de supposer que toute l'énergie mécanique de l'univers vienne à se concentrer dans le
simple transport de masses corporelles? Cela semble au
moins difficile : car nous serions obligés alors de supprimer tout mouvement intestin dans ces masses, d'y anéantir lumière, chaleur, électricité et le reste, d'y supprimer
en un mot les qualités sans lesquelles nous ne pouvons
plus concevoir la substance matérielle. On se trouve assez
naturellement conduit à admettre que les mouvements
invisibles de la substance consomment une plus grande
quantité d'énergie mécanique que ses mouvements
visibles : tout cet appareil théâtral des soleils, des planètes et de leurs satellites, que l'astronomie nous montre
pour étonner et subjuguer notre esprit, ne révèle sans
doute que la plus faible, la plus mesquine partie de
la force universelle. Des deux éléments qui composent le
monde, le plus actif, le plus puissant, est celui que nous
ne pouvons ni voir, ni toucher, ni peser, et dont l'existence est seulement démontrée à l'esprit. La nature est
gouvernée par un roi invisible.

### Corrélation des forces.

La force motrice qui anime l'univers est un vrai Protée qui subit sans cesse de nouvelles métamorphoses. Suivez, par exemple, la chaleur dans le cycle de ses travaux : dans cette longue colonne vibratoire que nous appelons un rayon, elle tient les particules de l'éther dans un état constant d'agitation ; aux bornes de l'atmosphère terrestre, le mouvement se communique aux atomes des divers gaz et des vapeurs qui forment cette enveloppe aérienne ; presque tous dociles et légers, ces atomes obéissent aux moindres impulsions de l'éther avec une extrême facilité ; mais les molécules de la vapeur d'eau, heureusement assez peu nombreuses, ne se mettent qu'à grand'peine à l'unisson des autres, elles opposent une puissante résistance au mouvement, et absorbent, sous forme de chaleur, près de quarante fois autant de force motrice que les autres parties constituantes de l'atmosphère. Un ingénieux physicien anglais, M. Tyndall, a montré comment la vapeur d'eau, bien que disséminée en bien faible proportion dans l'air, sert de véritable écran à la chaleur et en absorbe la quantité la plus notable. Que va devenir, après cette première perte de force vive, ce qui a échappé à l'action atmosphérique ? Certaines substances sont à la chaleur ce que le verre est à la lumière ; le sel gemme, par exemple, est un *transparent* du calorique, si, par analogie, il est permis d'employer ce mot. Les rayons de toute nature le traversent librement ; mais qu'un métal, par exemple, se trouve sur le chemin du rayon lumineux, ses lourdes molécules altérant leur mouvement, une fraction considérable de chaleur sera absorbée et employée à les écarter les unes des autres. Que le rayon vienne échauffer la face d'une pile thermo-électrique, cet instrument délicat dû à Melloni, une partie de la force vive se retrouvera tout de suite dans le mouvement de l'aiguille du galvanomètre. Qu'il aille ensuite expirer, je le suppose, dans un vase rempli de glace, la température y demeurera la même, mais toute l'énergie mécanique de la chaleur sera employée à détruire l'équilibre moléculaire de la glace et à faire passer l'eau de l'état solide à l'état liquide.

Que d'emplois divers ne trouve pas la force vive qui du soleil arrive jusqu'à nous sous forme de rayon lumineux ? Et ce qui se dit de la chaleur peut se dire aussi de la lumière. Seulement les métamorphoses du mouvement lumineux n'ont pas été étudiées d'aussi près que celles de la chaleur : ces dernières sont bien plus aisément soumises à des mesures. La force vive qui maintient un certain état calorifique peut, avec la plus grande facilité, être convertie en un travail mécanique ordinaire, c'est-à-dire, servir à élever un poids d'une certaine hauteur. La gravité devient ainsi la mesure indirecte de la chaleur; on a pu calculer le rapport constant entre une quantité donnée de calorique et la quantité de travail qu'elle peut produire : c'est ce qu'on nomme l'*équivalent mécanique* de la chaleur.

Il faut faire connaître avec quelque détail une découverte qui a régénéré la physique moderne. Le mouvement des atomes qui compose les masses peut,

ai-je dit, se transformer en mouvement des masses, et
réciproquement ; mais pour connaître la loi qui règle ces
métamorphoses, il faut avoir un moyen de mesurer ces
mouvements. Le travail atomique qui se trahit par la
chaleur se mesure avec le thermomètre : l'unité de
chaleur, ou *calorie*, est la quantité de force vive qui se
dépense pendant qu'un kilogramme d'eau passe de la
température de 0 degré à celle de 1 degré. L'unité de
travail, s'il ne s'agit que du mouvement des masses, est
le travail qui élève un poids d'un kilogramme à un mètre de hauteur, et se nomme le *kilogrammètre*.

Ce sont là des unités purement arbitraires ; mais
quelles qu'elles soient, du moment qu'on s'y tient, on
peut dans tout phénomène, où du travail mécanique est
changé en chaleur ou de la chaleur en travail mécanique, observer que le rapport entre les nombres qui mesurent la chaleur produite et dépensée, et le travail dépensé ou produit, demeure invariable. Ce rapport
représente numériquement l'équivalent mécanique de la
chaleur. Une unité de chaleur, ou calorie, répond à
425 kilogrammètres.

On pouvait à priori prévoir qu'il doit exister un rapport fixe entre la chaleur et le travail qu'elle engendre,
car s'il n'en était pas ainsi, si une certaine combinaison
d'organes de mouvement ou d'appareils calorifiques avait
permis de faire sortir indéfiniment du travail d'une quantité finie et déterminée de chaleur, on serait arrivé à une
sorte de mouvement perpétuel, absurdité que la science
a repoussé aussitôt qu'elle a compris que tout se lie dans
la nature, et que l'infini ne peut sortir du fini. Rumford,

dès 1804, avait pressenti l'équivalence de la chaleur et
du travail ; les vues de Lavoisier et de Laplace le mé-
contentaient : « Si le calorique, disait-il en les critiquant,
est une matière logée dans les corps de façon à en remplir
les intervalles poreux, comme l'eau remplit les pores
d'une éponge, il est clair qu'un même corps n'en contient qu'une quantité déterminée et ne peut en émettre
indéfiniment. C'est ainsi qu'une éponge gonflée d'eau,
suspendue par un fil au milieu d'une chambre remplie
d'air sec, donne de l'humidité à cet air ; mais l'éponge
est bientôt épuisée d'eau et mise en état de ne plus en
fournir. Au contraire, une cloche, étant frappée aussi
longtemps qu'on voudra, donne toujours du son sans
aucun signe d'épuisement. L'eau est une substance, et
il n'en est pas de même du son. » La comparaison de
Rumford était parfaitement juste : la chaleur résulte,
comme le son, d'un mouvement vibratoire ; quand la
cloche émet un son, la force que dépense le sonneur pour
ébranler la masse de bronze se dissipe en ondulations
harmoniques. Rumford, pour analyser la vraie nature de
la chaleur, faisait tourner avec vitesse une barre de bronze
très-lourdement chargée sur une barre semblable, dans
un vase rempli d'eau. Il observait que l'eau s'échauffait
et entrait en ébullition ; toutefois la faculté d'émettre
de la chaleur ne s'usait point dans les barres frottantes ;
tant qu'une certaine quantité de travail était dépensée
pour vaincre le frottement et pour maintenir le mouvement rotatoire, les barres continuaient à émettre de la
chaleur. Rumford en concluait avec beaucoup de raison
que le calorique n'est pas une substance matérielle, mais

qu'il est un mouvement ; s'il avait fait un pas de plus et
mesuré le rapport entre la force motrice de son appareil
et l'échauffement de l'eau, il aurait eu la gloire de déterminer l'équivalent mécanique de la chaleur.

S'il n'eut pas l'idée de rechercher cette importante
donnée numérique, il lui reste du moins le mérite d'avoir
compris très-clairement la véritable nature de la chaleur.
Voici encore l'une de ses expériences : il tirait des coups de
fusil en employant toujours la même charge de poudre,
mais tantôt en ne mettant pas de balles, tantôt en plaçant
dans le canon une, deux, trois et même quatre balles les
unes au-dessus des autres : « J'étais dans l'habitude, écrivait-il, de saisir avec la main gauche le canon aussitôt
après chaque décharge pour le tenir pendant que je l'es-
suyais en dedans avec une baguette garnie d'étoupes, et
j'étais fort surpris de trouver que le canon était beaucoup
plus échauffé par l'explosion d'une charge de poudre
donnée quand il n'y avait point de balle devant la poudre que quand une ou plusieurs balles étaient chassées
par la charge. » Dans le premier cas, toute la chaleur
de la combustion restait *sensible*, dans le second une
partie disparaissait dans le mouvement imprimé aux
balles et se métamorphosait en travail mécanique. Plus
d'un chasseur a sans doute fait des observations semblables, mais l'observation ne sert en rien la science
quand elle n'est point *comprise*, c'est-à-dire éclairée par
une idée. Il est à peine un seul phénomène quotidien
qui ne dévoile de quelque manière la parenté entre le
mouvement et la chaleur ; pendant combien de siècles
cette parenté n'a-t-elle pourtant pas été ignorée ? Les

sauvages obtiennent du feu par le frottement, mais on les étonnerait en leur disant que la chaleur n'est qu'un mouvement.

La notion de l'équivalence des forces naturelles est toute moderne : la trace n'en a pas pénétré dans les langues, encore sous l'empire des théories anciennes qui considéraient la chaleur et la lumière comme des substances. Il n'y a pas longtemps que des expériences directes ont donné une base solide aux nouvelles doctrines. Un physicien anglais, M. Joule, recommença les expériences de Rumford sur le frottement, en les variant de diverses manières : il obtint de la chaleur en faisant tourner une petite roue à palettes dans l'eau et dans du mercure. Il fit aussi frotter un anneau de fer sur un disque de même métal; M. Favre fit frotter de l'acier sur de l'acier. Dans toutes ces expériences, le travail mécanique, l'effort du frottement est transformé directement en chaleur. Le rapport d'équivalence a été trouvé égal, tantôt à 424, tantôt à 425, tantôt à 413; mais ces faibles différences ne tiennent évidemment qu'à des erreurs, inévitables dans un tel genre d'observations.

Dans ces expériences de cabinet, le travail se transforme en chaleur; mais l'industrie nous montre ses milliers d'appareils où la chaleur à son tour se transforme en travail. Que ce passe-t-il en effet dans une machine à vapeur? De l'eau en vapeur, portée par la combustion du charbon à une haute température et une haute pression, arrive dans un cylindre et sous un piston : elle soulève ce piston, dont le mouvement, par une série de transmissions, se communique au point où une résistance doit être vaincue et où par conséquent un certain travail s'accomplit. Quand la vapeur a fini sa mission, elle est expulsée du cylindre; il suffit pour cela de la mettre en communication avec l'atmosphère ou avec un condenseur d'eau froide. Pendant cette série de phénomènes que se passe-t-il donc? Aux dépens de quoi s'accomplit le travail? Supposez un cas idéal, pour mieux pénétrer dans le fond même des phénomènes, une machine qui ne s'use point, un condenseur qui reçoive sans aucune perte toute l'eau qui est sortie de la chaudière et qui l'y renvoie. La chaudière n'a pas besoin d'être alimentée, la machine fonctionne avec une régularité parfaite et sans jamais s'arrêter. Ferait-elle par hasard sortir le travail de rien? Mais si quelque chose est consommé, ce ne peut être que la chaleur. S'il en est ainsi, la chaleur que le foyer communique à la chaudière ne peut se retrouver tout entière dans le condenseur quand la vapeur s'y précipite, après avoir vaincu la résistance du piston. Au moment où l'effort est vaincu, une partie du calorique disparaît comme chaleur sensible et se métamorphose en travail.

L'expérience a confirmé ces prévisions : elle a constaté la disparition d'une certaine quantité de chaleur dans le trajet de la chaudière au condenseur. Le panache qui sort en bouffées épaisses de la cheminée d'une locomotive ne renferme pas autant de chaleur que les vapeurs encore pressées dans les flancs de la chaudière : c'est la fraction perdue qui traîne et emporte le long convoi. On sait quelle chaleur donne en brûlant un kilogramme de

houille, et par conséquent on a le moyen d'estimer quelle
quantité de travail on en peut faire sortir. Chaque kilogramme de houille renferme virtuellement trois millions
de kilogrammètres. En pratique, on n'utilise qu'une faible
proportion de cette richesse : car nos appareils calorifiques
sont ainsi construits, qu'une énorme quantité de chaleur
se perd sans emploi utile. Les noires fumées qui, vomies
par les cheminées des usines, s'étendent comme un voile
au-dessus des grandes villes industrielles, sont des
réservoirs de force perdue. On extrait annuellement
84 millions de tonnes de houille des mines de l'Angle-
terre : la quantité de travail mécanique représentée par
cette masse de combustible est presque fabuleuse. Pendant que le charbon brûle, les roues tournent, les laminoirs écrasent, les lourds marteaux tombent et retombent en cadence, les cisailles découpent, toutes sortes de
mains mécaniques filent, tissent, tressent, nettoient, roulent, plient, découpent ; en France, nous tirons déjà de
nos propres mines 8 millions de tonnes de houille : c'est
le travail de 10 millions de chevaux-vapeur fonctionnant
jour et nuit pendant toute l'année. Les 84 millions de
tonnes anglaises, représentent le travail de 108 millions
de chevaux-vapeur. Donner de la houille à un pays,
c'est lui fournir des bras, des légions de travailleurs ; et
quels travailleurs ? Des esclaves de fer qui ne demandent
rien et qui donnent tout ; qu'il ne faut ni habiller ni
nourrir, mais qui nous habillent et nous nourrissent.

Le phénomène du choc montre mieux qu'aucun autre,
comment le mouvement se transforme en chaleur. J'ai
dit qu'un kilogramme de charbon correspondait à 3 mil-

lions de kilogrammètres, ou autrement dit, que la chaleur de combustion de ce charbon transformée en travail, pouvait élever un poids d'un kilogramme à une
hauteur de 3000 kilomètres; en retombant de cette
hauteur, ce poids pourrait produire en frappant la
terre une quantité de chaleur égale à celle que donne en
brûlant un kilogramme de houille. Partout où du mouvement est anéanti, naît de la chaleur. Dans les expériences faites sur la résistance des plaques de blindage
aux boulets de l'artillerie, on a remarqué que lorsque le
projectile perce la cuirasse de fer, sa température ne
change pas notablement. Quand il arrive sur la cible,
animé d'une énorme vitesse, sans pouvoir la pénétrer,
toute sa force vive est, par le choc, transformée en chaleur, le boulet rougit, et les spectateurs placés auprès du
canon, l'aperçoivent un moment comme un point lumineux. Imaginez un corps, placé à une si grande-distance
de la terre qu'il en ressente à peine l'attraction : que ce
corps tombe ensuite sur notre planète. Il ne l'atteindra
qu'après avoir acquis une vitesse de 11 kilomètres par
seconde; sa collision avec la terre développera une quantité de chaleur égale à celle qui serait due à la combustion
d'un poids double de charbon. Un aérolithe pesant une
tonne et tombant sur notre planète, donnera en un instant autant de chaleur que deux tonnes de houille en brûlant graduellement. La puissance calorifique du choc est
si grande, qu'on a pu imaginer que la chaleur solaire est
due uniquement à une pluie continuelle de météores.

Sir John Herschel et M. Pouillet nous ont appris
combien le soleil émet de chaleur annuellement : la

terre n'en reçoit que la deux mille trois cent millionième partie. Comment cette source puissante est-elle entretenue? Aucune combustion, aucun phénomène chimique semblable à ceux que nous connaissons, ne pourrait produire des températures égales à celles qui règnent dans le foyer solaire? Les belles expériences faites par Kirckoff sur le spectre, ont pourtant démontré que les corps simples qui entrent dans la composition de la terre, se retrouvent aussi dans l'atmosphère enflammée du soleil. Si le soleil n'était qu'un corps en combustion, sa lumière et sa chaleur s'épuiseraient promptement. Un globe de charbon, de la même grosseur, serait brûlé par l'oxygène en 4600 années. Qu'est-ce donc qui peut entretenir, au centre de notre système, cette lumière et cette chaleur qui l'illuminent et lui donnent la vie? J'ai dit quelle vitesse énorme et par conséquent quelle chaleur pouvait acquérir un corps en tombant sur la terre; mais ces nombres doivent être fortement grossis, quand il s'agit de la masse colossale du soleil, dont la force attractive est bien autrement puissante. La plus grande vitesse qu'un corps puisse atteindre en tombant sur la terre est de 11 kilomètres par seconde : le même corps peut arriver sur le soleil avec une vitesse de 624 kilomètres.

Un astéroïde lancé dans le soleil peut, en s'y heurtant, engendrer une quantité de chaleur à peu près égale à celle qui serait produite par la combustion de 10000 astéroïdes de charbon ayant le même poids. Sommes-nous autorisés à croire que des corps errants viennent sans cesse tomber dans le soleil? La terre, si petite, d'une faible

7.

masse, attire cependant des météorites, et les fait sortir de
leurs incertaines orbites. Ces petits corps, une fois entrés
dans le milieu résistant de notre atmosphère, deviennent
incandescents par la friction, et leur mouvement se résout
en lumière et en chaleur. Dans certaines saisons, les
étoiles filantes sillonnent à tout moment le ciel de leurs
fugitives traînées. A Boston, on en a vu une fois 240 000
en neuf heures. Tout nous autorise à croire que les
grandes masses planétaires ne constituent pas tout le
système auquel nous appartenons. L'espace est rempli
d'une multitude de petites masses, qui forment sans
doute des sortes d'anneaux invisibles, mêlés aux orbites
des planètes. Certaines perturbations du mouvement planétaire ne peuvent guère être expliquées qu'en admettant
l'existence de semblables anneaux où la matière pondérable serait, en quelque sorte, réduite à une sorte de
poussière cosmique. On a supposé aussi que l'enveloppe
lenticulaire qui entoure le soleil et que les astronomes
désignent sous le nom de *lumière zodiacale*, est une
masse formée de météores, qui, en tourbillonnant dans
un milieu résistant, se rapprochent de plus en plus du
soleil et finissent par s'y précipiter.

Toutes ces hypothèses soulèvent d'assez graves objec-
tions. Je ne les fais connaître que pour montrer quelle
importance a prise dans la science le principe de l'équivalence de la chaleur et du mouvement. Au lieu de s'en
tenir à l'ancienne théorie de Laplace qui regardait
comme un fait primordial la chaleur solaire, aussi bien
que le mouvement rotatoire de tout le système dont
l'astre lumineux est le centre, on cherche aujourd'hui à

trouver quelque lien entre ces deux phénomènes. Le
boulet lancé contre une cible de fer trop solide, s'écrase
en devenant lumineux ; MM. Thompson et Meyer nous
demandent de considérer le soleil comme une cible
gigantesque, sur laquelle serait constamment dirigée
l'artillerie des météores.

Que ces imaginations soient vraies ou fausses, cela ne
peut affecter en rien la théorie nouvelle : il est démontré
désormais que la chaleur et le travail sont deux manifestations de la même force vive. Si l'on étudie à ce point
de vue les phénomènes terrestres, on se trouve ramené
à chercher dans le soleil la source de tout mouvement.
Qu'est-ce qui soulève, sous forme de nuages, l'eau des
mers et des fleuves? C'est la chaleur solaire. Mais ces
nuages se condensent et la pluie va gonfler les torrents,
les fleuves ; l'eau se précipite et roule en obéissant à la
gravité : la scierie cachée dans les gorges étroites des
montagnes ainsi que le moulin des plaines lui emprun-
tent une partie de sa force motrice; et cette force motrice
n'est qu'une transformation de la chaleur qui a conduit
l'eau jusqu'aux nuages : le soleil est donc le vrai moteur
de la scierie et du moulin. Il fait tourner aussi les ailes
infatigables du moulin à vent, il gonfle les voiles des vaisseaux sur les mers. Car l'atmosphère ne serait pas traversée par les vents si le soleil n'échauffait inégalement
les pôles et l'équateur, les plaines et les montagnes, les
terres et les eaux. Il est l'agent direct ou indirect de
toutes les transformations qui s'opèrent sur la planète,
et sa puissance est si grande, qu'on s'étonne à peine
que certaines nations l'aient adoré comme un dieu.

Nous ne jouissons pas seulement de la chaleur actuelle
du soleil, nous tirons encore parti de celle qui s'est
emmaganisée pendant des âges dans les plantes. Pendant
la formation des végétaux, l'acide carbonique est la
substance qui fournit le carbone, et ce sont les rayons
solaires qui déchirent la molécule d'acide carbonique et
qui, mettant l'oxygène en liberté, permettent au carbone
de se fixer dans la fibre ligneuse. Sans le soleil, la ré-
duction de l'acide carbonique ne peut s'accomplir, et
la quantité de chaleur qui est consumée dans cette
opération chimique est exactement proportionnelle au
travail nécessaire pour construire l'édifice végétal. Que
des rayons lumineux tombent sur du sable, et la température du sable devenant bientôt invariable, on en
peut conclure que le sable renvoie exactement autant
de chaleur qu'il en reçoit. Il n'en est pas de même dans
une forêt : celle-ci renvoie toujours moins de chaleur
qu'elle n'en reçoit; la chaleur disparue est métamorphosée en travail ; chaque atome de carbone qui vient
chercher sa place dans les tissus délicats de la plante
absorbe une certaine quantité de calorique et la retient
pendant des années, des siècles, des âges, jusqu'au moment où en se combinant de nouveau par l'acte de
combustion avec l'oxygène, il lui rend la liberté. C'est
en restituant cette chaleur mise en réserve pendant la
période houillère, que les plantes accumulées et solidi-
fiées dans les couches de charbon donnent le mouvement
à tant d'usines, de machines, de bateaux à vapeur, de
locomotives. « Ce ne sont pas, disait Stephenson en
voyant avancer un convoi à toute vapeur, ces puissantes

locomotives, dirigées par nos habiles mécaniciens, qui font marcher ce train, c'est la lumière du soleil qui, il y a des myriades d'années, a fixé le carbone dans les plantes depuis changées en houille. »

Au point de vue de la chaleur, le rôle des plantes et des animaux est tout à fait différent : tandis que les végétaux sont, pour ainsi parler, des magasins de chaleur, le rôle des animaux consiste à changer la chaleur en force motrice ; l'animal est né pour le travail, et il puise l'énergie qui lui est nécessaire dans la chaleur. La nutrition et la respiration sont les deux actes corrélatifs qui entretiennent l'organisme animal. Le soleil dissocie le carbone et l'oxygène, l'animal consume la plante qui se forme à la faveur de cette séparation ; dans ses artères les deux éléments se retrouvent, et en se recombinant, produisent la chaleur animale. Toute la force qui sort de nos muscles a donc sa source première dans le soleil. La danse qui entraîne ses groupes en ondoyantes spirales, le choc des armées en bataille, le vol hardi des oiseaux, la course du cheval, tout ce qui remue et lutte, rampe ou s'élance, monte ou descend, attaque ou résiste, nous fait penser à la danse invisible, au tremblement précipité de l'atome lumineux.

L'acte de la respiration entretient la chaleur, et par là, l'énergie mécanique des animaux ; les expériences de M. Béclard ont démontré que toute contraction musculaire s'accompage d'une oxydation. Si cette contraction ne produit aucun travail extérieur, elle dégage une quantité de chaleur proportionnelle à la quantité d'oxygène absorbée ; si le muscle contracté produit un travail, la quantité de chaleur dégagée est plus petite, et la différence se mesure par la quantité de chaleur équivalente au travail effectué. Ainsi la combustion respiratoire développe incessamment dans le corps une certaine force vive, qui peut rester entièrement, pendant l'état de repos, sous forme calorifique, mais qui pendant le mouvement et le travail s'use aussi partiellement comme force motrice. Ce dédoublement s'opère de lui-même et sans que nous en ayons conscience ; toute résistance vaincue, que ce soit l'élévation d'un poids à une certaine hauteur ou le simple transport du corps, enlève à l'acte respiratoire une proportion de sa puissance calorifique. Quel est l'agent qui décompose à son gré la force motrice engendrée par l'acte respiratoire ? Nous l'ignorons : nous voudrions utiliser toute cette force motrice sous forme de travail, que nous ne le pourrions pas ; car une notable proportion, la moitié au moins, est dans tous les cas retenue par le corps sous forme de chaleur animale, et nous essayerions en vain de la dépenser autrement. La nature impérieuse nous condamne à l'inaction, aussitôt que nous avons usé une trop grande partie de notre énergie. Condé s'endort profondément la veille de Rocroy ; le condamné à mort ne peut disputer au sommeil les quelques heures qui lui restent à vivre ; la fatigue et la faim ont raison de tout, du génie, du courage, et quelquefois, hélas ! de la vertu.

Un phénomène bien connu pourra sembler un moment incompatible avec ce qui précède. Eh quoi ! pourrait-on dire : l'homme ne déployerait son énergie mécanique qu'en consommant une part de sa chaleur vitale ;

mais quand il veut se réchauffer, ne faut-il pas précisément qu'il se donne du mouvement, qu'il coure, marche, se remue, qu'il se livre à de violents exercices? C'est vrai, mais il faut remarquer que, dans ce cas, le mouvement respiratoire s'accélère; l'accession de chaleur ainsi obtenue couvre tous les frais du travail mécanique et ajoute encore quelque chose à la chaleur animale. L'appareil respiratoire est ainsi disposé que nous pouvons en obtenir des quantités très-variables de chaleur : les inspirations deviennent beaucoup plus nombreuses pendant le travail ou la course. Chacun peut faire l'expérience suivante, courir quelque temps, puis s'arrêter au moment de perdre haleine : c'est alors qu'on sent comme un flot de chaleur baigner le corps entier, et la transpiration devenir le plus abondante. Le dédoublement de la force respiratoire est un des phénomènes les plus mystérieux de la vie; mais ce que j'ai dit montre assez que la force vive dépensée par les muscles vient du dehors; elle ne gît pas dans le nerf, qui se contente d'ordonner en quelque sorte le mouvement. Le nerf n'est pas comparable à un levier qui transmet l'action d'une force, et qui la subit en la transmettant : il n'est pas l'agent *actif* du travail, il n'a qu'un rôle en quelque sorte *électif*. De même la main d'un mécanicien placée sur une locomotive, peut en bougeant dans un sens ou dans l'autre un régulateur, c'est-à-dire en donnant ou en refusant accès à la vapeur dans les cylindres, tenir tout un train immobile ou le lancer sur la voie : l'énergie mécanique du train n'est pas dans la main du mécanicien, et le petit mouvement qu'il fait pour ouvrir ou

pour fermer le régulateur n'a aucun rapport dynamique
avec le mouvement de la pesante locomotive et des
masses qu'elle entraîne. Ainsi le nerf, exerçant son action
élective, peut obliger les muscles à convertir plus ou
moins de chaleur respiratoire en travail mécanique, mais
il ne produit pas plus ce travail que cette chaleur. Le
nerf, ou plutôt le cerveau, conduit la machine et maintient la vitesse entre certaines limites; mais il ne peut
modifier les actions et les réactions qui sont produites
par le mouvement, et qui obéissent à des lois éternellement en jeu dans toutes les parties de la nature.

### Lumière.

Newton avait deviné la corrélation entre le mouvement lumineux et le mouvement des masses : « Corps et
lumière, écrivait-il dans ses *Questions d'optique*, ne peuvent-ils être convertis l'un dans l'autre, et les corps ne
peuvent-ils recevoir une grande part de leur activité des
particules de lumière qui entrent dans leur composition?...
Le changement des corps en lumière et de la lumière en
corps est bien en harmonie avec le cours de la nature,
qui semble se complaire aux transformations. » Newton
considérait la lumière comme un corps, et imaginait
qu'elle n'était qu'une forme particulière de la substance
matérielle. Dans nos idées modernes, nous considérons
la lumière comme un simple mouvement, mais ce mouvement, de même que celui qui produit la chaleur, peut
se transformer en travail mécanique ou en déplacement
des masses. Il existe, sans aucun doute, un équivalent

mécanique de la lumière, comme il existe un équivalent
mécanique de la chaleur. Mais de quelle façon le trouver? où saisir un phénomène où la transformation s'opère
directement, et dans lequel ne s'introduise pas un troisième terme, chaleur, électricité, affinité chimique ? Il
nous est impossible d'isoler la lumière, de la séparer de
la chaleur qui toujours et partout l'accompagne. Certains
physiciens vont jusqu'à affirmer l'identité complète de
la chaleur et de la lumière ; les mêmes ondulations don-
neraient à nos yeux la sensation de la couleur et au reste
du corps la sensation de la chaleur. Le prisme divise les
rayons calorifiques comme les rayons lumineux, mais
tandis que nos yeux peuvent distinguer par la *couleur* les
rayons de réfrangibilité diverse, nous n'avons aucun
organe pour reconnaître la *qualité* calorifique qui est liée
à des indices de réfraction différents. Nous sommes en
face de cette qualité comme des aveugles devant un
paysage ; mais nous sommes pourtant assurés qu'elle
existe. Le spectre calorifique s'étend sur le spectre
visible, et nous pouvons l'explorer le thermomètre à la
main.

Je ne suis pas disposé, malgré les merveilleuses analogies qui rapprochent la chaleur et la lumière, à croire
à leur identité absolue ; toutefois il faut bien se résigner
à les trouver toujours réunies, et cette solidarité rend
presque chimérique toute tentative faite pour trouver
l'équivalent mécanique de la lumière. Qu'on mette, par
exemple, deux morceaux du même drap, colorés diffé-
remment, mais de la même grandeur, sur de la glace
ou sur de la neige exposée au soleil, il est certain que

sous l'un des deux morceaux la neige fondra plus vite que sous l'autre ; si deux petits blocs égaux de glace ainsi recouverts se trouvaient placés sur les deux plateaux d'une balance, et si l'on suppose en même temps que la glace fondue pût s'en écouler librement, les deux plateaux se mettraient en mouvement, l'un monterait, l'autre descendrait ; un certain poids serait élevé et il y aurait un travail produit. Mais qu'est-ce qui produirait ce travail ? On ne pourrait dire que c'est la lumière, car la même quantité de chaleur n'arrive pas jusqu'aux deux blocs de glace ; le pouvoir absorbant du drap rouge, par exemple, n'est pas le même que celui du drap vert : la matière colorante laisse passer dans un cas plus de rayons calorifiques que dans l'autre. C'est donc en réalité la chaleur qui a produit le travail. On ne peut imaginer aucune expérience où la chaleur ne vienne d'une façon incommode se substituer à la lumière, ou du moins ajouter son action à la sienne.

S'il semble presque impossible de convertir directement cette force vive qui entretient le mouvement lumineux en mouvement visible, en travail, ou peut au moins obtenir médiatement ce résultat : cette transformation du second ordre en quelque sorte s'opère incessamment autour de nous. M. Grove, auteur d'un livre intéressant sur la corrélation des forces physiques, a imaginé l'expérience suivante : Une plaque sensible, pareille à celle qu'emploient les photographes, était placée dans une boîte remplie d'eau, fermée par une plaque de verre recouverte d'un écran. Entre le verre et la plaque était un fil d'argent ; la plaque était réunie à une des extré-

mités d'un galvanomètre, le fil d'argent avec l'extrémité
d'une hélice de Bréguet, thermomètre élégant et d'une
extrême sensibilité, formé de deux bandes métalliques
soudées, mais inégalement dilatables par la chaleur.
Les deux autres extrémités du galvanomètre et de l'hélice étaient unies par un fil. Aussitôt que l'écran était
soulevé et qu'un rayon de lumière arrivait à la plaque,
les aiguilles du galvanomètre entraient en mouvement.
Ainsi, la lumière étant la force initiale, on obtenait sur
la plaque une action chimique, dans les fils de l'électricité, de la chaleur dans l'hélice, du mouvement dans les
aiguilles magnétiques.

Il y a peu de cas où une opération chimique ne soit
pas l'intermédiaire obligé entre le mouvement lumineux
et le mouvement visible des molécules matérielles. La
lumière bâtit les végétaux, mais elle n'y fixe le carbone
qu'en s'aidant de l'affinité chimique. Qui ne sait que les
plantes s'étiolent à l'ombre, et que la formation du chlorophylle, c'est-à-dire de la substance verte qui colore
les feuilles, y devient impossible? C'est la lumière qui,
venant se jouer dans les molécules invisibles de l'acide
carbonique répandu dans l'atmosphère, les dédouble,
sépare l'oxygène du carbone, et permet aux atomes de
ce dernier corps simple mis en liberté d'entrer dans la
délicate contexture du végétal. Le soleil est l'agent lointain qui triomphe des affinités chimiques et qui solidifie
les principes constituants de l'atmosphère : les mousses,
les graminées, les arbres majestueux des forêts sont fils
de l'air et de la lumière. La nuit est leur sommeil ; pendant les heures obscures, le végétal ne peut fixer le

carbone, il en perd au contraire une petite partie ; du soir
au matin, les bois exhalent de l'acide carbonique ; les re-
tours alternatifs du jour et de la nuit marquent les phases
de la muette et lente respiration du monde végétal.

La lumière agit directement dans un grand nombre
d'opérations chimiques, tantôt pour dissocier, tantôt pour
associer des éléments simples. Quand on fait entrer dans
un ballon du gaz hydrogène et du chlore, les atomes
restent en présence sans se jeter les uns sur les autres ;
mais qu'on laisse tomber sur le mélange des rayons solaires, et la combinaison s'opère avec une extrême violence. Il se fait une véritable explosion et il ne serait pas
difficile de convertir ce choc atomique en travail ordinaire. La lumière affecte plus ou moins toutes les substances chimiques ; qui ne sait que les couleurs des
tapis, des étoffes, passent au soleil? Les tons des tableaux
se modifient sous son action, l'obscurité pâlit les prison-
niers, le teint des laboureurs se hâle au grand air. La
lumière décompose avec une extrême facilité les sels
d'argent : elle sépare ce métal du chlore et de l'iode
dans le chlorure ou l'iodure dont se sert la photographie ;
chaque couleur a un pouvoir chimique particulier,
aussi les images photographiques ne peuvent-elles jamais
rendre exactement l'intensité relative des divers tons.
La photographie, si fidèle pour les lignes, rend d'une
manière infidèle le contraste des ombres et de la lumière ; aussi est-elle surtout appropriée à la reproduction
des monuments de l'architecture, des statues, de tous
les objets dont la beauté gît plutôt dans la ligne que
dans la couleur.

Le spectre lumineux, ai-je dit, est superposé à un spectre calorifique ; il y faut ajouter encore un troisième spectre, le spectre chimique. Les rayons les plus riches en couleur ne sont pas les plus puissants comme réactif chimique. il y a même des rayons tout à fait invisibles qui n'agissent plus que chimiquement. De même que les sons trop graves ou trop aigus ne peuvent être perçus par notre oreille, il y a des rayons lumineux qui ne sauraient exciter le nerf optique. Mais d'invisibles, ces rayons peuvent devenir visibles si l'on met sur leur trajet quelque substance particulière, l'oxyde d'urane, le sulfate de quinine, une infusion de chlorophylle ; qu'on place à côté des rayons violets d'un spectre, dans la partie déjà obscure, un papier couvert de caractères tracés avec du sulfate de quinine, le papier restera noir et l'on y verra seulement apparaître ces caractères devenus lumineux. Supposez une chambre fermée où ne puissent entrer que ces rayons très-réfrangibles, on pourra la rendre à volonté obscure ou claire, suivant la peinture des murs ou la nature des vitraux qui recevront la lumière. Les parties invisibles de la lumière, comme celles qui éclatent à nos regards et éclairent le monde pour notre usage, sont donc incessamment actives autour de nous ; qui peut soupçonner aujourd'hui quel est leur labeur dans les éternelles métamorphoses de la nature ? La science n'a pas encore, je ne dirai pas résolu, mais posé ce problème ; quelques physiciens aventureux ont annoncé que la lumière agit directement sur les aiguilles magnétiques ou sur certains appareils électriques, qu'elle a une action mystérieuse sur le phénomène de la cristallisation ; mais sur tous ces points, on ne possède aucune donnée sûre et positive. Un médecin français a passé plusieurs années à étudier l'action du soleil sur des sphères très-légères, pénétré qu'il était de l'idée que le mouvement rotatoire des planètes était dû à la lumière solaire; mais jamais il n'est arrivé à un résultat qu'il jugeât digne d'être communiqué au monde savant.

Parmi les rares expériences qui démontrent que la lumière a une véritable force vive, je citerai celles de M. Niepce de Saint-Victor, qui est parvenu à reproduire des gravures par l'insolation. Quand on laisse une gravure longtemps exposée au soleil, les parties blanches se pénètrent, se saturent en quelque sorte de lumière ; elles deviennent des foyers où le mouvement lumineux persiste longtemps après que l'insolation est terminée. Aussi, qu'on mette dans l'obscurité ces gravures en contact avec un papier photographique très-sensible, la force vive accumulée dans les parties blanches de la gravure se dissipera graduellement, le mouvement se communiquera aux atomes du sel métallique qui imprègne le papier sensible, et l'on obtiendra une épreuve négative, d'une admirable fidélité. La gravure longtemps insolée est semblable à une mer encore agitée longtemps après que la tempête a cessé.

La persistance des impressions lumineuses sur la rétine est un phénomène d'ordre semblable : quand le mouvement vibratoire se communique au nerf optique, il ne s'évanouit pas tout d'un coup ; un temps sensible s'écoule jusqu'à ce qu'il soit dissipé. C'est ce qui nous fait voir un cercle de feu quand la main tourne rapide-

ment un charbon; et l'on pourrait citer mille autres
illusions pareilles. L'œil humain fournit aussi un
exemple direct de la transformation du travail en lumière : quand les paupières sont fermées, on peut, en
imprimant à certaines parties du globe de l'œil de petits
chocs, faire naître sur la rétine une impression lumineuse ; ces petits éclairs fugaces qui paraissent dans l'œil
se nomment les *phosphènes* : ce phénomène étrange
fournit des données très-importantes à l'oculiste et lui
donne en quelque sorte une mesure de la sensibilité
des diverses parties de la rétine. On ne peut l'interpréter,
ce me semble, que d'une manière : la force vive du choc
en se communiquant au nerf optique par les milieux
liquides de l'œil se transforme en mouvements lumineux.
Tout le monde connaît le sens de cette expression populaire : « Voir trente-six mille chandelles », et l'on sait
par quel travail mécanique on peut donner à quelqu'un
cette vision.

### Magnétisme et électricité.

J'arrive à des manifestations de la force qui sont en
quelque sorte plus humbles, plus tangibles, en ce sens
qu'elles nous montrent le mouvement dans l'atome pondérable, dans les groupements moléculaires : l'agitation
de l'éther y devient secondaire ; c'est un pas de plus,
si l'on me permet ce mot, vers la matérialité pure et
simple, vers la spécification, vers la détermination corporelle. Le mouvement lumineux traverse le vide éthéré
en vagues puissantes et impétueuses. Le mouvement

électrique ne saurait se communiquer au vide absolu.
On avait longtemps cru le contraire, on avait admiré les
splendides apparitions qui accompagnent le passage de
l'électricité dans un réservoir d'air, épuisé par la machine pneumatique : mais tant que ces apparitions continuent, c'est un signe que dans le réservoir il reste des
molécules matérielles qui reçoivent l'impulsion commu-
niquée par le passage du courant. M. Gassiot, un physicien anglais, a obtenu un vide plus parfait en remplissant
d'acide carbonique un réservoir où il laissait de la
potasse anhydre : le vide était fait par les moyens ordinaires, 'mais ce qui restait d'acide carbonique était
absorbé par la potasse, quand on soumettait cette substance à la fusion sur un foyer de chaleur. Dans ce vide
vraiment vide, plus de jets lumineux analogues aux langues de feu de l'aurore boréale, plus d'anneaux lumineux projetés en succession rapide d'un pôle à l'autre,
plus de courant électrique. Cette expérience capitale
justifie ce que je disais, quand, classant les diverses
manifestations de la force vive universelle, je rangeais
l'électricité parmi celles qui sont asservies à la matière
pondérable.

Il n'est point de phénomène moléculaire où l'électricité ne joue un rôle plus ou moins appréciable : il y a
longtemps qu'on a cessé de croire à l'existence de deux
fluides électriques, fluides qui entreraient dans les corps
ou s'en écouleraient comme l'eau glisse entre les mailles
d'une éponge. L'état électrique n'est qu'un mouvement
particulier : la vibration qu'il provoque n'est qu'une
transformation des mouvements ordinaires. On s'en as-

sure assez, quand on réfléchit que la source la plus ordinaire, et la plus anciennement connue d'électricité, n'est
autre que le frottement. Dans la machine classique qui
se voit dans tous les cabinets de physique, le travail du
frottement est transformé en mouvement électrique : les
cylindres de cuivre, les bouteilles de Leyde, les conden-
sateurs ne sont que des réservoirs de force vive emmagasinée. L'effort que je fais en tournant la manivelle de
l'appareil se retrouve métamorphosé, soit en choc, dans
les décharges et secousses électriques, soit en chaleur et
en lumière, dans les étincelles qui jaillissent sur les
points où la tension est la plus forte.

Dans toutes les expériences où l'électricité est à l'état
dit statique, le travail est emmagasiné en quantité déterminée, et la source est promptement tarie quand elle
trouve un écoulement; dans celles où l'électricité est à
l'état dynamique, la source est toujours vive ; une force
qu'on nomme la force *électro-motrice* est sans cesse en
action et le mouvement dont elle est la cause peut être
métamorphosé de mille manières diverses. Même avec
une simple machine électrique à frottement, il est loisible
d'obtenir un courant électrique, c'est-à-dire une propagation de mouvement qui dure autant que l'effort causé
par le frottement. Mais c'est là une source trop peu abondante de force électro-motrice; on en trouve d'autres
dans les actions calorifiques et chimiques. Que faut-il
pour qu'un foyer de chaleur ou un centre troublé par
l'affinité chimique puisse devenir le point de départ d'un
courant électrique? Il est nécessaire que les choses soient
disposées de telle manière que le flux de chaleur ait un

sens déterminé, une direction constante, ou que les décompositions et les recompositions chimiques s'opèrent
dans un certain ordre. La chaleur seule, l'affinité seule
ne suffisent pas : il faut quelque chose de plus, qui
ressemble presque à ce que j'appellerais un organisme,
une disposition qui permette au mouvement électrique
de suivre une voie constante, de compléter un circuit
fermé. Quels services pouvons-nous demander à l'eau
des pluies volant en tous sens, et partout semée par
les vents : il nous la faut emprisonnée dans les courants des rivières, descendant les pentes en masses puissantes, si nous voulons qu'elle fasse tourner nos roues
hydrauliques et nos turbines. Pour obtenir un courant
électrique, deux conditions doivent être satisfaites : il
importe en premier lieu qu'il se développe en un certain
point une force électro-motrice, c'est-à-dire, qu'il s'opère
un certain travail moléculaire sous l'influence ou d'une
action mécanique, ou d'une action calorifique, ou d'un
phénomène chimique : il faut en second lieu que l'énergie
de ce travail moléculaire ne se dissipe pas indifféremment en tous sens, mais reste concentrée dans un circuit.
Un fil métallique est ordinairement le passage qu'on
laisse à la force vive, et, quand sur un point quelconque
de ce fil on oppose à la propagation du mouvement moléculaire des obstacles divers, on assiste à toutes les transformations possibles de l'activité dynamique. On peut
varier à l'infini les expériences : tantôt ce sont de menus
fils métalliques qui deviennent incandescents, qui fondent ou se volatilisent avec bruit; tantôt les affinités chimiques sont surexcitées, quand, par exemple, le passage

de l'étincelle électrique dans l'air y détermine l'union de l'azote et de l'oxygène, ordinairement inertes en face l'un de l'autre ; un transport de matière s'opère violemment partout où le courant subit une petite interruption, et des molécules mobiles établissent comme un pont entre les points qui sont séparés : ces molécules, animées d'une force vive extraordinaire eu égard à leur faible masse, deviennent éblouissantes et sont de petits soleils électriques aux lueurs violacées. Quand la source est chimique, les décompositions qu'on obtient dans le circuit sont équivalentes aux recompositions qui donnent naissance à la force électro-motrice (loi de Faraday) : l'affinité défait sur un point ce qu'elle refait sur un autre. Le courant est un organisme qui a une sorte de vie, si l'on veut accorder ce nom à la force qui circule dans toutes ses parties et dont toutes les variations se trahissent à l'instant dans l'état dynamique de chaque molécule. Pendant l'évolution de la force toutes les parties du circuit deviennent esclaves du temps : la fermeture du circuit, qui donne naissance au courant, le développement de la force électro-motrice, son extinction finale sont, pour ainsi dire, les divers actes d'un petit drame qui ressemble de loin à la vie. Pour obtenir un tel spectacle, il faut supposer une certaine finité dans les matériaux qui y concourent, une limitation, un circuit moléculaire. L'infini ne vit pas, parce qu'il est l'infini, parce qu'il n'a ni commencement ni fin. La vie, à quelque degré qu'on la suppose, si humble et occulte qu'elle soit encore, suppose des bornes.

Il ne faut point croire, quoi que j'aie dit, qu'il n'y ait

dans les actions électriques autre chose qu'un mouvement de la matière pondérable et atomique : l'impondérable y joue aussi un rôle, plus secondaire toutefois,
ce semble, que dans la lumière. L'électricité ne peut
se transmettre par conductibilité que de molécule à
molécule, comme par une série infinie d'engrenages;
mais elle agit aussi à distance, sans interposition de
molécules : seulement, dans ce dernier cas elle n'a qu'un
effet momentané, presque instantané; cette action fugi-
tive est ce qu'on nomme l'*induction*. Faraday, physicien
à l'esprit inventif et aventureux, a le premier signalé ce
phénomène étrange; de même qu'une corde immobile
peut se mettre à vibrer quand on promène l'archet sur
une corde voisine, ainsi le passage d'un courant dans un
fil détermine un courant sympathique dans un fil voisin,
mais ce second courant ne dure pas le même temps
que le premier, il n'en marque que la naissance et la
fin. Cet effet est ressenti à travers le vide le plus parfait;
l'électricité qui a besoin de l'édifice moléculaire pour se
propager par conductibilité agit par induction sans le
secours des atomes. Que se passe-t-il donc en ce cas?
Lorsque le premier ébranlement se communique de
molécule à molécule dans le circuit du courant, chacune
de ces molécules devient un centre d'impulsion pour
l'éther : tant que le circuit n'est pas parcouru entièrement par le courant, les impulsions peuvent exercer une
action dynamique sensible sur un circuit voisin, y communiquer un certain état d'ébranlement qui se trahit par
le courant d'induction; le circuit une fois fermé, toutes
les forces dont l'éther est le véhicule s'annulent deux à

deux, précisément parce que le circuit est fermé et que les effets différentiels produits dans toutes les parties ont alors une intégrale nulle. Cette intégrale ne prend une certaine valeur finie que pendant le court instant où le mouvement moléculaire se transmet par conductibilité d'une extrémité à l'autre du circuit, ou s'arrête graduellement d'un bout à l'autre de ce circuit, c'est-à-dire aux seuls moments où le courant naît ou expire. Toute modification dans l'intensité de la force électro-motrice du courant inducteur se révèle aussi immédiatement par un courant induit, parce que les changements que ces variations provoquent dans le circuit se font de molécule à molécule : un nouvel équilibre dynamique s'établit dans le circuit, et durant cette période presque insaisissable une induction peut s'opérer. Cette mystérieuse solidarité permet d'obtenir des courants induits continus comme les courants ordinaires : il suffit d'assujettir par des artifices particuliers la force électro-motrice du courant inducteur à de perpétuelles variations. On trouve ainsi un moyen de transporter de l'énergie mécanique d'un organisme physique dans un autre organisme physique, absolument indépendant du premier, sans liens solides, sans leviers, sans interposition de corps liquides ou même, si l'on veut, de corps gazeux, à travers l'espace privé d'atomes pesants. Étrange phénomène ! bien fait pour faire comprendre combien est étroite l'idée que le vulgaire se fait de la matérialité.

J'ai montré quelles sont les diverses sources de force électro-motrice ; tout travail moléculaire provoqué par l'affinité chimique peut le devenir ; tout flux de chaleur

enfermé dans un circuit et assujetti à une direction régulière ; toute action mécanique capable d'agir surtout
sur la constitution intime, sur l'équilibre atomique des
corps. Mais il y a aussi des sources naturelles et en
quelque sorte permanentes de force électro-motrice, ce
sont les aimants. Les corps qu'on désigne sous ce nom
sont de véritables réservoirs d'énergie latente. Ce sont,
qu'on me passe le mot, les soleils de l'activité électrique.
Ampère, le premier, pénétra la nature intime des phénomènes magnétiques ; il imagina que chaque molécule d'un
aimant forme à elle seule un petit circuit électrique, et
que toutes ces molécules se trouvant orientées dans le
même sens, tous les courants infinitésimaux qui circulent
autour des molécules agissent concurremment, et réagissent ou sur les courants électriques ordinaires, ou sur
des aimants voisins. Cette hypothèse ingénieuse, qui a
jeté un jour si vif sur des phénomènes autrefois à peu
près inexplicables, est encore celle qui répond le mieux
à l'état de la science : on peut cependant lui donner une
forme plus simple en supposant que ce n'est pas l'électricité qui se meut à la périphérie de toutes les molécules
aimantées, mais que ces molécules sont elles-mêmes animées d'un mouvement rotatoire. C'est cette rotation
même qui donne aux deux pôles de chaque molécule des
propriétés inverses ; il est inutile de parler de deux
fluides négatif et positif, d'admettre que dans chaque
atome le fluide neutre est, par le fait mystérieux de l'ai-
mantation, décomposé en égales parties de fluide négatif
et positif, de suivre ces fluides d'atome en atome pour
expliquer comment l'aimant général, composé d'un

nombre infini d'aimants infiniment petits, a, comme
chacun de ces derniers, un pôle positif et un pôle négatif.
La polarité est une conséquence forcée de la rotation : du
moment qu'un corps tourne autour d'un axe de révolution, il a forcément deux pôles ; quelque chose distingue
ces deux pôles ; quoique symétriquement placés, ils ne
sont pas identiques ; on conçoit aussi que le sens du mouvement ne soit pas chose absolument indifférente. Ce n'est
point apparemment par l'effet du hasard que la terre
tourne d'occident en orient, et non pas d'orient en
occident. Mais le mouvement de la moindre molécule
est assujetti aux mêmes lois générales que le mouvement
des corps célestes.

Imaginons un moment que, dans chaque aimant,
toutes les molécules soient orientées dans le même sens
et toutes animées d'un certain mouvement de rotation
autour de l'axe d'orientation. Ne voit-on pas tout de suite
que les deux bouts de l'aimant ne seront pas dans des
conditions absolument identiques ; cela suffit, je ne dirai
pas pour expliquer, mais pour justifier le phénomène
merveilleux de la polarité. Pourquoi la terre est-elle un
aimant ? parce qu'elle tourne.

Les phénomènes électriques, comme les phénomènes
magnétiques, supposent dans les molécules une mobilité
particulière ; seulement, dans les conducteurs électriques,
le passage du courant produit des effets transitoires, une
sorte d'équilibre mobile qui ne survit pas à l'action de
la force électro-motrice ; dans les aimants, cet équilibre,
provoqué par l'action inductive ou de la terre, ou d'autres aimants, ou de courants électriques, devient per-

manent ; la structure est changée profondément : les
molécules s'orientent et leurs rotations se règlent d'une
manière définitive. On appelle communément *force
coercitive*, la force qui retient dans un exact parallélisme
les axes d'orientation moléculaires de l'acier aimanté ;
cette force fait défaut au fer doux ; tant que celui-ci se
trouve sous l'influence inductive d'un aimant ou d'un
courant, ses molécules mobiles s'orientent; mais que
cette influence cesse, elles retombent dans le désordre.
Chacune des deux extrémités d'un barreau de fer doux
peut à volonté être convertie en un pôle nord ou en un
pôle sud, ce qui prouve que les révolutions des atomes
peuvent s'y faire avec une égale facilité dans des sens
opposés ; mais si l'on tient le barreau de fer doux dans
le méridien magnétique, et si, dans cette position, on
ébranle fréquemment son équilibre moléculaire, les particules se grouperont de telle sorte que leurs révolutions
ne pourront plus se faire indifféremment en tous sens.
Les liaisons nouvelles qui s'établiront, les gênes qui en
résulteront, sont précisément ce que l'on nomme la force
coercitive. Ces modifications profondes dans l'équilibre
atomique que l'aimant terrestre produit avec une grande
lenteur, on peut les obtenir bien plus rapidement quand on
soumet le barreau de fer doux à l'action inductive d'un
courant énergique ou à celle des aimants ordinaires.

Pour bien comprendre les mystères du magnétisme
et de l'induction, il faudrait connaître mieux qu'on
ne fait encore les propriétés du mouvement rotatoire.
L'analyse mathématique ne les a guère étudiés que
d'une manière trop abstraite ; on sait que dans un corps

qui tourne sur lui-même, l'axe de rotation tend à rester immobile ou parallèle à lui-même si le corps est animé d'un mouvement de translation : le gyroscope de M. Foucault, les expériences faites sur les balles coniques, ont rendu ce phénomène assez familier. Mais on rencontre de grandes difficultés quand on veut analyser des mouvements un peu plus complexes, quand on suppose, par exemple, que l'axe de rotation soit soumis lui-même à des mouvements plus ou moins complexes, et rencontre des résistances particulières. Chaque molécule dans un aimant est comparable à un corps céleste dont l'attraction universelle complique le mouvement de perturbations périodiques ; mais outre les perturbations qui résultent de l'effet d'une force directrice qui s'exerce à distance, elle subit encore celles qui proviennent des résistances opposées par les molécules immédiatement voisines. On imagine à peine la complication du mouvement invisible qui résulte de tant d'actions, ou lointaines ou rapprochées.

Le magnétisme, étant essentiellement une force inductive, agit à travers le vide le plus parfait, comme force directrice. M. Gassiot a fait à cet égard des expériences concluantes ; le fluide éthéré joue donc un rôle évident dans la transmission du mouvement magnétique ; le soleil et toutes les planètes sont de grands aimants qui, à travers les espaces, agissent avec plus ou moins d'énergie les uns sur les autres, seulement ils n'opèrent qu'inductivement, c'est-à-dire que les variations seules de la force magnétique dont chacun de ces corps est le foyer peuvent être ressenties dans les autres.

## Affinité.

L'affinité nous mène enfin dans le domaine de la matière purement pondérable : le premier instrument de la chimie est la balance. Si l'éther peut exercer sur les molécules ordinaires quelque autre action qu'une action impulsive, nous l'ignorons absolument ; tous les mouvements que le fluide invisible transmet aux corps s'y traduisent en propriétés physiques, chaleur, lumière, électricité ; on peut à peine dire que ces qualités appartiennent aux corps en propre, elles les possèdent en quelque sorte d'emprunt, et n'en sont que le véhicule et les conducteurs ; l'atome, suivant sa forme, son poids, sa liberté d'action, se prête plus ou moins docilement aux ondulations éthérées qui viennent incessamment troubler son équilibre, comme la bouée qui, sur la mer, monte, descend et flotte sans jamais se lasser. Il y a des corps plus ou moins lumineux, plus ou moins électriques, mais tous les corps peuvent devenir lumineux et électriques. Le magnétisme se révèle principalement dans l'acier, mais Faraday l'a retrouvé dans le nickel, le cobalt, le platine, le bismuth, le charbon et jusque dans les gaz. Les flammes s'écrasent et s'orientent entre les deux pôles d'un aimant. On ne pourrait entreprendre une classification des corps en les divisant en chauds ou froids, en lumineux ou obscurs ; et cependant le mouvement de la chaleur et de la lumière se lie de la manière la plus intime à ce qu'il y a de plus profond, de plus important, de plus fondamental dans leur constitution. Dans les investigations de la physique, on est sans cesse ramené aux atomes, mais, il faut bien le remarquer, on ne s'occupe que de leur mode de groupement, sans se demander si dans tous les corps ces atomes sont les mêmes, s'il n'y en a qu'une espèce ou s'il y en a plusieurs espèces; si la forme, le poids, la grandeur, peuvent servir à les caractériser : la physique cherche l'atome, la chimie les atomes.

La physique, pour être tout à fait vrai, ne s'occupe même pas de l'atome; elle considère seulement les particules dont elle imagine que se composent les corps matériels, sans d'ailleurs se préoccuper de leur composition, sans se demander si ce sont des édifices compactes et incompressibles, ou des édifices complexes tenus en équilibre par quelque force inconnue. Qu'il y ait dans les corps de semblables particules, cela n'est point douteux ; un corps n'est point chose absolument homogène et impénétrable, c'est un composé, un agrégat, un quinconce moléculaire. La chimie fait un pas de plus dans l'étude de la matérialité ; elle subdivise la particule corporelle en parties élémentaires, qu'elle nomme molécules ou atomes. Ces atomes, nul œil ne peut les voir, nul instrument les saisir, la raison seule les devine. Une fois démontré que l'eau se forme toujours par la combinaison d'une certaine proportion d'oxygène et d'une certaine proportion d'hydrogène, cette proportion doit se retrouver dans un poids d'eau quelconque, si petit d'ailleurs qu'on le suppose. En introduisant dans la science la notion des atomes, la chimie a l'avantage de se débarrasser des quantités concrètes ; elle ne s'occupe

plus que des rapports : elle convertit les corps en symboles.

Mais y a-t-il vraiment des atomes, c'est-à-dire des
quantités de matière qu'on ne puisse pas subdiviser, ou
du moins qui ne puissent être subdivisées sans que toutes
leurs propriétés soient modifiées ? Car on a imaginé des
atomes simples absolument homogènes, et des atomes
composés formés par des nombres variables d'atomes
simples. Il est évident que les atomes composés, s'ils
existent, sont divisibles puisqu'on les suppose formés de
parties ; seulement on ne peut supposer qu'une seule partie se détache sans que les propriétés de l'ensemble soient
changées. L'atome composé n'est indivisible que s'il doit
conserver ses qualités. Pour l'atome simple lui-même,
il est évident qu'il doit être indivisible d'une manière
absolue ; car, par définition même, il n'a pas de parties
et l'on ne peut le supposer plus petit. Cela veut-il dire
qu'il n'ait point de dimensions ? Non, assurément. Car on
peut très-bien imaginer qu'il soit impossible de diviser
un corps de dimensions finies, si la résistance qu'il oppose à la division est infinie, et qu'est-ce qui empêche de
supposer qu'elle puisse devenir infinie ? Toutes les écoles
philosophiques qui ont disserté sur la divisibilité infinie
de la matière, n'ont fait que jouer sur des mots ; elles
n'ont pas compris que le problème qu'elles agitaient n'est
pas un problème purement géométrique ; sans doute
il n'est pas d'espace qu'on ne puisse subdiviser par la
pensée, mais quelle que soit sa grandeur, on ne peut
subdiviser un corps plein, sans parties, impénétrable par
conséquent. De fait, nous ne divisons rien dans la matière,

nous profitons des divisions qui existent déjà ; nous séparons davantage ce qui est déjà séparé.

On n'a pas le droit, peut-on dire, de supposer qu'il existe des parties de la matière absolument privées d'élasticité, mais il n'est pas nécessaire de pousser les choses à bout et de refuser à l'atome toute élasticité. Il suffit qu'il en ait assez peu pour que les forces dont il est exposé à subir le choc ne puissent lui rien arracher. L'atome n'a pas d'existence absolue, il dure tant que les forces habituelles qui le font passer d'un organisme dans un autre sont impuissantes à lui ôter son unité. L'état atomique est celui sous lequel la matière nous est révélée, mais cet état même peut sans doute, dans la durée infinie des temps, subir des phases diverses. Il est loisible d'imaginer qu'il y ait dans l'univers des régions où la matière, identique en substance avec celle qui remplit notre système terrestre, soit cependant livrée à des mouvements tout différents ; la réaction des forces peut alors l'y maintenir à un état de division qui ne soit pas tout à fait identique avec celui qui caractérise notre système. Mais ce n'est là qu'une hypothèse, et l'on a du moins la certitude que les matériaux chimiques qui composent notre terre se retrouvent avec tous leurs caractères dans le soleil. L'analyse spectrale y a recherché et découvert la plupart des métaux que nous connaissons ; ils sont suspendus dans l'atmosphère radieuse qui enveloppe le grand corps incandescent, et sans cesse y retombent en pluie de feu ou en ressortent en vapeurs, comme l'eau sur notre planète va de l'Océan aux nuages et des nuages à l'Océan. On a retrouvé jusque dans certaines étoiles

quelques-uns des éléments chimiques de notre système
solaire ; mais les étoiles sont des soleils arrivés à la même
phase que le corps central de notre tourbillon ; il n'est
dès lors pas étonnant que la matière s'y retrouve sous le
même état de division atomique. Ces surprenantes expériences qui nous permettent de fouiller à des distances
presque incommensurables la nature chimique des corps
lumineux, autorisent à croire à ce qu'on pourrait appeler l'unité chimique de l'univers ; car lors même que
la matière ne serait pas partout groupée en atomes, nous
avons du moins l'assurance que là où ces atomes existent,
ils revêtent toujours les mêmes propriétés : l'atome du
sodium est le même sur la terre, dans le soleil et dans
les étoiles dont le spectre a pu être étudié.

L'esprit humain, si facilement emporté par le rêve au
delà des réalités, si amoureux du simple et de l'universel,
n'a pas attendu que l'unité chimique de la nature lui fût
à demi démontrée pour embrasser avec ardeur l'hypothèse plus hardie de l'unité absolue de la matière. Que
fait la chimie ? elle décompose les corps jusqu'à ce
qu'elle arrive à des constituants qui résistent à tous
les agents de décomposition ; ce sont ces constituants
qu'elle nomme les corps simples. Chacun d'eux a son
atome, doué d'un poids, d'une forme, de propriétés
physiques et chimiques particulières. La chimie reconnaît aujourd'hui jusqu'à cinquante-quatre de ces unités
fondamentales.

A en juger par la richesse des lignes du spectre
solaire, on peut croire que le grand corps qui nous
envoie la lumière et la chaleur possède encore beau-

coup plus de corps simples que la terre, mais contentons-nous de ceux que fournit notre planète. En quoi
donc se résume le travail patient de nos laboratoires? On
nous montre une série de cinquante-quatre atomes, qui
sont en quelque sorte comme les types d'autant de matières différentes. Les esprits philosophiques éprouvent
je ne sais quelle répugnance invincible à admettre que
ce soit là le dernier mot de la science ; ils aiment à croire
que les corps que nous sommes forcés d'appeler simples le paraissent seulement, parce que nous n'avons
pu réussir à les décomposer. Ils se figurent volontiers
que les divers atomes simples ne sont que des états divers d'une seule et même substance. C'est à ces pressentiments instinctifs qu'obéissait l'alchimie, quand elle
cherchait le grand secret, le moyen de transformer les
métaux les uns dans les autres ; ce n'était pas seulement
la soif de l'or qui dévorait le savant dans ces laboratoires
obscurs, où une science encore informe et presque mons-
trueuse, sans méthode, sans guide, environnée de périls,
luttait péniblement contre la nature. L'unité de substance a été le rêve favori de toutes les imaginations
puissantes; elle a servi de base à la métaphysique grandiose
de Spinoza; mais la science positive n'a jamais pu réussir
à étreindre le substratum du monde phénoménal. La
métaphysique pense le monde ; elle impose ses lois rationnelles à une création idéale, où elle cherche seulement à reproduire aussi fidèlement que possible les traits
et les couleurs du monde véritable. La science voit, au
contraire, le monde par le dehors ; elle observe les manifestations de la substance, mais celle-ci lui échappe,

et l'abîme qui l'en sépare se creuse à mesure qu'elle s'en rapproche.

Nous ne pouvons, ai-je dit, concevoir la matière que sous forme d'atomes : la loi dite des proportions définies, qui assujettit les corps simples à ne s'unir entre eux que dans des proportions données et invariables, ne peut être conçue par notre esprit que si le mariage chimique a lieu de molécule à molécule. Les chimistes, pour éviter la considération des atomes et des poids atomiques, parlent quelquefois seulement d'équivalents, en nommant ainsi les poids respectifs des divers éléments simples propres à s'unir entre eux ; mais nous ne saurions comprendre comment un poids donné d'oxygène peut s'unir à un poids donné de soufre pour former un corps nouveau, si. le mariage n'a pas lieu entre des nombres définis de particules matérielles également définies. Nous sommes ainsi ramenés en face de l'atome. Nul microscope, si puissant qu'il puisse être, ne pénétrera jamais dans ce monde où il faut entrer et chercher un chemin avec le seul guide de la raison et de l'induction. En quoi peuvent différer les cinquante-quatre atomes des corps simples actuels de la chimie ? Ces unités matérielles, espèces fondamentales de la science, ont, par conséquent, des poids spécifiques et des volumes spécifiques. Leurs poids relatifs sont fournis par l'étude même des combinaisons qui obéissent à la loi des proportions définies : toutefois il règne toujours une certaine incertitude dans le choix du poids atomique, parce que tout corps simple peut, en général, former avec les autres plus d'une combinaison. Un atome d'une espèce peut s'unir avec un, deux, trois, cinq atomes d'une autre espèce ; et comment reconnaître dans cette série le terme où les deux unités se rencontrent? Il peut même arriver que ce terme fasse défaut, et que les procédés du laboratoire permettent seulement d'obtenir les termes suivants, où l'un des deux constituants est représenté par des groupes atomiques? Les chimistes savent combien le problème délicat des équivalents soulève souvent d'incertitudes et de difficultés : ils trouvent heureusement quelque secours dans une loi qui porte le nom de ceux qui l'ont découverte, la loi de Dulong et Petit. Il résulte des recherches de ces ingénieux physiciens et de celles de M. Regnault, que, dans toutes les combinaisons qui présentent une composition atomique semblable, le produit du poids des atomes constituants par la chaleur spécifique est constant. Pour les corps simples, la loi se formule ainsi : « Les produits des chaleurs spécifiques de tous les corps simples par leurs poids atomiques sont constants. » D'où l'on conclut très-aisément que les atomes de tous les corps simples ont la même chaleur spécifique. On comprend dès lors que la connaissance des chaleurs spécifiques des corps simples fournisse un moyen indirect de vérifier ou de découvrir les poids atomiques. Mais, examinons, au point de vue de la théorie mécanique de la chaleur, quelle est la signification de cette belle loi.

Si les atomes des corps simples ont même chaleur spécifique, il faut une même addition de chaleur ou de travail mécanique convertible en chaleur pour faire croître leur température de la même quantité. Or le poids des

divers atomes est différent : dès lors si une même quantité
de force vive y produit les mêmes résultats thermiques,
il faut en conclure qu'aux mêmes températures les
atomes ne peuvent être animés des mêmes vitesses
dans le mouvement invisible et mystérieux qui se traduit à nos sens par l'impression de la chaleur. Si donc
nous mélangeons deux corps simples, des tourbillons
animés de différentes vitesses s'y croiseront en tous
sens, se heurteront, se feront obstacle. On comprend
alors que, dans la plupart des cas, les atomes différents ne pourront continuer à conserver des vitesses indépendantes : mêlez de petits et de grands flotteurs,
animés de vitesses inégales, et ils se grouperont de manière à pouvoir suivre les mêmes mouvements. Nulle
comparaison n'est pourtant à notre portée pour peindre
le mouvement des atomes ; il est permis toutefois de
penser que l'affinité, qui précipite l'une vers l'autre les
parties élémentaires des corps simples, n'est pas une
force active qui tantôt attire et tantôt repousse, et qui a
son siége dans l'atome. Quand on met divers corps en
présence et en contact, chaque atome simple ou composé étant doué de vitesses rotatoires ou vibratoires différentes, l'équilibre ne peut s'effectuer dans le mélange,
au moins dans la plupart des cas, que si des groupements nouveaux s'effectuent : ces groupements s'opèrent comme par une série de chocs, car le choc n'est
qu'un changement prompt de vitesse. Les combinaisons
chimiques sont donc de véritables transformations de
force vive ; les assimiler uniquement au phénomène de la
chute des graves, c'est donner une forme trop grossière

et trop simple aux phénomènes. Les atomes ne tombent pas les uns sur les autres à la façon d'une pierre qui tombe sur la terre : ils ne peuvent jamais être considérés comme immobiles, et sont toujours livrés à des mouvements dont, à la vérité, la nature nous demeure inconnue. Mélanger les atomes de deux corps, c'est poser un problème de dynamique bien autrement complexe que celui de la chute uniformément accélérée des graves. Imaginez deux tourbillons solaires tout d'un coup mêlés par une main toute-puissante, et vous aurez une idée de ce qui se passe dans les cornues où le chimiste unit les corps.

Que faut-il donc penser de ce que l'on nomme l'affinité? Peut-on croire qu'il y ait dans les atomes une sorte de faculté élective qui leur permette de se rechercher ou de s'éviter les uns les autres ? Cette conception, que repousse l'esprit scientifique, doit être rangée avec les hypothèses, aujourd'hui abandonnées, qui expliquaient la lumière par un fluide lumineux, la chaleur par un fluide calorifique, l'électricité par un fluide électrique. Comme tous les phénomènes naturels, les jeux de l'affinité chimique ne sont que des métamorphoses d'une force universelle ; la chimie, c'est la dynamique des atomes.

Dans le tourbillon solaire, la force qui fait équilibre à la gravité est la force centrifuge résultant du mouvement des corps planétaires sur leurs orbites ; dans l'intérieur des masses, on ne sait pas exactement comment se meuvent les atomes, et l'on ignore si la force de la gravitation conserve, à de très-petites distances, l'ex-

pression qui s'applique aux grandes distances. Tous les
éléments principaux de la dynamique moléculaire nous
échappent donc encore : tout ce que nous avons le droit
d'affirmer, c'est que le phénomène de la combinaison ou
de la décomposition chimique coïncide avec un changement dans les vitesses des atomes, quelle que soit d'ailleurs la nature particulière de leur mouvement.

Le travail des corps animés de vitesses mesurables
peut se transformer en chaleur ; il en est de même pour
le travail des atomes ; quand des particules d'oxygène
s'unissent à des particules de carbone, il y a production
de chaleur et de lumière ; les atomes se précipitent les
uns sur les autres, et, si l'on pouvait connaître leurs
masses et leurs vitesses, on saurait quelle quantité de
force vive est disponible au moment de la combinaison.
Mais c'est se contenter d'une approximation grossière,
que de comparer la rencontre de l'atome d'oxygène et de
l'atome de fer à la chute banale d'une pierre sur le sol.
Dans toute combinaison chimique, un nouvel équilibre
dynamique s'établit, et toute la force perdue dans le choc
se transforme en chaleur, en électricité, en lumière ou
en effets mécaniques. Chez l'animal, où les phénomènes révèlent une complexité particulière, la combustion du sang ne produit pas seulement la chaleur nécessaire à la vie, elle fournit encore la force nécessaire à
tout ce jeu de pompes aspirantes et foulantes qui constitue l'appareil délicat de la circulation. Les battements
du cœur et les mouvements du pouls ne sont que la
métamorphose d'un phénomène chimique.

Il serait assez facile de suivre dans tous les méandres

de la chimie l'application du principe de la conservation de la force; mais il est plus important de revenir aux atomes et d'examiner ce que cette science ajoute à leur détermination. L'étude de la gravité, de la lumière, des forces physiques, les laissait en quelque sorte indéterminés, sans forme, sans caractères spécifiques : la chimie les classe, les trie; l'idée de l'*espèce* apparaît. Les atomes des corps simples diffèrent en ce qu'ils n'ont ni la même masse, ni par conséquent la même vitesse aux mêmes températures. Ce sont comme des pendules qui mesureraient le temps en battant, les uns la seconde, les autres la minute, les autres des fractions différentes. La masse est le seul caractère spécifique des atomes simples; on ne saurait dire qu'ils se distinguent aussi par la forme : car on ne connaît point la figure propre à quelques-uns d'entre eux à l'état solide. D'ailleurs les caractères spécifiques de l'atome doivent être communs à l'état gazeux ou liquide comme à l'état solide, et l'on peut douter que la forme du cristal solide se maintienne dans les parties mobiles du gaz ou du liquide; d'autre part, à l'état solide même, les molécules n'ont pas toujours la figure géométrique des cristaux. Cette rigidité, si l'on me permet ce mot, est propre au règne minéral ou inorganique, et fait place, dans le monde organique, à une plasticité qui admet des formes beaucoup plus variables et plus complexes. Les atomes, bien qu'il soit nécessaire de les considérer comme indivisibles, paraissent jouir cependant de la faculté de subir des formes différentes dans le monde vivant et dans le monde inanimé, et même aux diverses échelles du monde inorga-

nique. Je ne saurais admettre l'existence d'une soi-disant
force cristalline qui serait seulement en action pendant
la transition de l'état liquide à l'état solide : à tout moment il y a des forces qui impriment une forme à l'atome,
dans le tourbillon gazeux comme dans le réseau géométrique du cristal ou dans les tissus de l'organisation ; ces
forces sont liées au mouvement même des atomes et ne
peuvent jamais cesser d'agir. La rotation du plan de
polarisation dans certains liquides, les curieuses expériences de M. Pasteur, qui établissent dans certains sels
une relation entre le sens de cette rotation et le système
cristallin, montrent assez que ce que l'on appelle la force
cristalline est déjà sourdement en œuvre avant le passage
de l'état liquide à l'état solide.

La cristallisation est un phénomène comparable à la
transformation d'une nébuleuse cosmique en un système planétaire : ses phases dépendent surtout de la
vitesse du refroidissement et des éléments divers qui
peuvent influer sur cette vitesse, tels que la pression, la
quantité des masses sur lesquelles on agit, leurs proportions inégales. La température renverse souvent l'ordre
des affinités chimiques : tel corps en expulse en ce
moment un autre qui, la chaleur s'élevant, l'expulsera
à son tour. L'électricité trouble les affinités comme la
chaleur, comme tout ce qui modifie les mouvements et
les vitesses des atomes au sein d'une substance. Dans
une cristallisation rapide, le travail moléculaire est
réduit en quelque sorte au minimum : les atomes ont
reçu leur forme, de petits groupes ont été formés, puis
laissés épars, orientés en tous sens, comme seraient des

matériaux encore gisants au hasard qui devaient servir à construire un palais. Mais fournissez à votre solution plus de chaleur, c'est-à-dire plus de force vive, et cette force ira patiemment prendre un à un tous les groupes moléculaires, elle les rangera symétriquement, elle étendra les assises superposées du cristal, et construira ces merveilleux édifices que nous admirons dans les cabinets de minéralogie. C'est la chaleur du noyau intérieur de notre globe qui, se dégageant par des fissures naturelles, a permis aux émanations souterraines de déposer sur les murs des filons ces manteaux cristallins si riches en substances variées. Cette même chaleur a permis au granite de cristalliser; elle a donné une structure à la première pellicule solide qui a couvert notre monde incandescent, et plus tard elle a modifié plus d'une fois les sédiments charriés par les eaux sur cette enveloppe solide. Les continents immenses et les grains de sable avec lesquels l'Océan joue sur ses rives nous parlent également de la chaleur terrestre : la force qui a soulevé les montagnes a mis aussi en place les atomes qui brillent dans le diamant. — La terre entière est un gros cristal en voie de formation, mais les rugosités de sa surface s'appellent les Alpes, les Andes ou l'Himalaya.

## Vie.

Le cristal ou le composé chimique n'est pas l'œuvre la plus achevée des forces naturelles : une petite portion de la substance matérielle, bien insignifiante il est vrai, et presque imperceptible au milieu d'un monde infini, passe en des créations qui se distinguent par des caractères tout particuliers de celles auxquelles travaillent seulement les forces physiques et chimiques. Le cristal, le composé chimique considéré isolément, ne portent en eux-mêmes rien qui les condamne à changer; ils ne nous apparaissent point comme des esclaves, ou si l'on aime mieux, comme des fonctions du temps. Les forces qui les altèrent viennent forcément du dehors; un morceau de soufre est exposé à fondre, à se sublimer, à entrer dans les combinaisons les plus variées; mais son histoire, s'il est permis d'employer ce mot, n'est qu'une série d'accidents sans connexion forcée, ni régulière. Aussi les agrégats qui se produisent dans le monde minéral ne peuvent-ils être considérés comme des individus : tout cristal est composé d'un nombre indéfini de cristaux identiques en forme et en nature; il n'y a pas de tout là où chaque partie redevient un tout complet.

Les corps inorganiques se distinguent donc par ces deux caractères : 1° ils ne sont pas une fonction du temps; 2° ils n'ont aucune limite nécessaire dans l'espace. Les caractères des corps dits vivants sont précisément inverses; ils sont esclaves du temps, et leur grandeur a des limites. Que voyons-nous dans l'être doué de vie? Un germe se développe, grandit, s'assimile des éléments divers, les convertit en organes; ces merveilleuses métamorphoses se font dans un ordre donné, et concourent à reproduire un type spécial. Malgré l'assaut continuel des forces extérieures, ce type se maintient; doué de je

ne sais quelle puissance conservatrice, il résiste à tout
ce qui lui fait obstacle; mais par degrés cette puissance
s'affaiblit, puis s'éteint; la mort rend enfin au monde minéral tout ce que la vie lui avait momentanément enlevé.
L'histoire de tout être organique est un drame plus ou
moins court, plus ou moins solennel, qui a un commencement, des péripéties et une fin. Les organismes subissent, il est bien vrai, la réaction du dehors, du milieu
environnant, et sont en cela semblables aux substances
inorganiques; mais ils portent de plus *en eux-mêmes* une
source continuelle de perturbations et de changements.

Comment expliquer de tels phénomènes? Dire qu'il
n'y a en jeu dans l'être vivant que les forces physiques
et chimiques, c'est fermer volontairement les yeux sur
tout ce qui sépare la vie de la mort. La mécanique explique bien comment les mouvements des muscles agissent
sur les os, qu'elle considère comme des leviers ordinaires; mais explique-t-elle qu'il y ait un pouvoir moteur
dans le muscle vivant, et que le muscle perde ce pouvoir en même temps que la vie? La chimie peut-elle
nous faire comprendre comment certaines proportions
d'albumine, de gélatine, de matières grasses, d'amidon,
et de sels minéraux s'agencent pour faire un lion ou un
homme? Il lui est loisible aujourd'hui de construire de
toutes pièces certains matériaux indispensables à l'être
vivant, mais quand elle saurait fabriquer tous les principes immédiats sans exception, qui entrent dans une
plante ou dans un animal, fabriquera-t-elle cette plante
ou cet animal, ou créera-t-elle une seule cellule vivante?
La chimie, c'est l'ouvrier qui prépare les matériaux d'un

palais, ce n'est point l'architecte qui en fait le plan, qui
en choisit le style, qui en dessine les ornements. Pourquoi affecter de savoir ce qu'on ignore? La science
cherche le vrai et ne doit point se contenter de ce qui
n'en est que le fantôme; ce qui fait sa vraie grandeur,
c'est la sincérité : après avoir dissipé tant d'erreurs, souf-
flé sur tant de mensonges, fièrement combattu tant de
préjugés, pourquoi voudrait-elle se tromper elle-même?
Elle doit l'avouer, la vie lui pose des problèmes qu'elle
est encore impuissante à résoudre; elle ne sait pas quel
est ce mystérieux pouvoir qui sommeille dans les germes,
et qui, à travers les âges, perpétue des types innombrables, qui sont comme les créations d'une fantaisie effrénée
et toute-puissante. Expliquer la vie par un principe vital,
c'est ne rien expliquer du tout, à moins qu'on n'entende
par ce principe une substance qui se trouve dans les organismes et qui ne se rencontre pas dans les corps inorganiques; mais quelle assurance a-t-on qu'il existe une
telle substance? Tant qu'on n'aura point isolé, saisi ce
principe, l'école positiviste pourra le reléguer avec le
fluide électrique, le fluide lumineux, le fluide magnétique parmi les hypothèses qui servent de jouet aux
sciences durant leur enfance.

Pour chercher le secret de la vie, il faut s'astreindre à
la méthode ordinaire des sciences, envisager les phénomènes vitaux comme des phénomènes distincts, et en
analyser les lois. Prenons un germe, observons-le dans
son développement : que ce soit, par exemple, celui du
végétal le plus infime et le plus dégradé. Nous verrons
le germe se dédoubler, se scinder; chaque partie se divi-

sera à son tour, et le nombre des cellules ira ainsi en
augmentant indéfiniment. La subdivision des cellules
primordiales, voilà le premier acte de la force vitale. La
création des organes distincts vient plus tard, et seulement chez les êtres qui s'élèvent au-dessus des horizons
abaissés où ne règne encore qu'une vie confuse et indivise. Aux degrés les plus humbles de l'animalité, chez les
rhizopodes, par exemple, les fonctions vitales s'accomplissent encore sans appareils spéciaux : un morceau de
la gelée qui constitue ces êtres peut se développer, si
petit qu'il soit; cette masse semi-fluide se nourrit sans
avoir de bras pour saisir sa nourriture, elle avale sans
bouche, digère sans estomac, absorbe sans vaisseaux, se
meut sans muscles, se propage sans organes sexuels; et
cependant se construit souvent des enveloppes qui le
cèdent à peine, par la grâce et la complication de leurs
formes, aux coquilles des mollusques. Chez les animaux
supérieurs, les cellules primordiales se multiplient aussi
en se subdivisant. L'agrégat qui doit fournir l'être nouveau montre d'abord des parties dont chacune ne semble
que la répétition de ses voisines ; mais cette homogénéité
a une limite : bientôt commence un travail de différen-
tiation qui s'applique en même temps aux structures et
aux fonctions. Les organes se forment, les tissus se des-
sinent; les atomes, conduits comme par une main invisible, se groupent en nombreux et fragiles édifices
appropriés à des usages différents.

Quelle est cette force qui, dans le germe, détermine
l'évolution, qui, dans l'embryon, préside à la formation
successive des organes, puissance à la fois conservatrice

et créatrice, qui modèle, assouplit, façonne la matière, mais qui reste asservie à des règles tracées d'avance, et s'astreint à reproduire sans cesse des copies des mêmes originaux ? On a imaginé qu'il y avait dans le germe un *nisus formativus*, un centre, un point singulier où se concentrait cette puissance occulte. Mais la métaphysique elle-même dédaigne aujourd'hui cette théorie vieillie. La vie n'est point une substance, un élixir dont les gouttes disséminées vont se répandre dans des canaux de plus en plus nombreux ; elle ne saurait se fractionner, comme un cristal. Si l'on ne peut l'envisager comme une substance, quelle idée faut-il donc s'en faire ? Partout où il y a un mouvement, un changement, il existe une force ; mais il faut distinguer entre la force elle-même et les organes auxquelles elle s'applique. Entrez dans une usine. Ici, vous verrez rouler les gros laminoirs, là monter et descendre les marteaux-pilons ; ailleurs, des cisailles découperont le bois et les métaux ; des instruments de toute espèce accompliront régulièrement et séparément leur travail. La force qui les met en mouvement est pourtant la même : c'est ou la pression de la vapeur, ou le poids d'une masse d'eau qui entraîne une roue hydraulique. L'être vivant est quelque chose de semblable à cette usine ; il y faut distinguer la force qui alimente l'énergie des divers organes et ces organes eux-mêmes. Dans l'usine, la force et les organes n'ont pas de lien nécessaire ; supprimez quelques communications de mouvements, et vous arrêterez tel laminoir ou tel marteau. Dans l'être animé, la force et l'organe sont intimement liés ; la force construit les premiers organes avec des matériaux inorganiques, et plus tard les modifie, les répare, les entretient. Quelle loi guide son action ? Qu'est-ce qui lui permet de tirer des mêmes matériaux inorganiques tant d'espèces différentes? Où gît sa vertu *directrice?* Voilà le grand mystère.

Pour la force elle-même, à l'état brut en quelque sorte, elle est fournie aux organismes par une métamorphose de la chaleur, chez les animaux à sang chaud comme chez les animaux à sang froid, chez les plantes comme chez les animaux. Restons d'abord dans le monde végétal. Qu'est-ce que la graine? C'est un embryon déjà arrivé à un certain développement, presque indéfiniment stationnaire, mais possédant en lui-même tout ce qui peut lui devenir nécessaire pour grandir : on a vu germer des grains de blé, extraits des tombeaux de l'Égypte et ensevelis depuis des milliers d'années. La graine possède déjà l'existence virtuelle, et il suffit d'un peu de chaleur pour la faire sortir de l'inertie, de la virtualité ; la nourriture emmagasinée d'avance dans le germe se métamorphose alors sous cette influence : la fermentation convertit l'amidon en dextrine soluble, puis en sucre. Ces substances, avec les matières grasses et albumineuses, forment le protoplasme qui fournit à la jeune plante les matériaux divers de ses tissus. La germination ne se fait jamais sans chaleur ; il faut qu'un accroissement de température éveille les affinités encore endormies. Le germe trouve d'abord en lui-même sa nourriture ; plus tard, la plante adulte fabrique elle-même les matériaux dont elle a besoin. Les tissus des surfaces colorées des feuilles composent, sous l'influence de la lumière et de la chaleur, et à l'aide de l'acide carbonique, de l'eau, de l'ammoniaque, divers produits ternaires et quaternaires, la chlorophylle ou la substance verte, l'amidon, les matières grasses et albumineuses. Parmi ces produits, les uns entrent dans des tissus nouveaux ; les autres s'emmagasinent simplement dans les cavités des tissus anciens, et y demeurent en réserve pour servir plus tard, soit à l'évolution de parties nouvelles, soit à la nutrition des animaux.

Ces transformations ne peuvent pas s'opérer sans l'action d'une force ; mais bien que la lumière et la chaleur doivent être considérées presque toujours comme la force principale qui les détermine, une autre source de force est fournie aussi par ce qu'on pourrait nommer le mouvement *rétrograde* des éléments pendant la vie de la plante. Car en même temps que des principes ternaires et quaternaires se forment aux dépens d'éléments plus simples, un phénomène inverse décompose les composés complexes et les ramène à l'inertie inorganique. L'exhalation de l'acide carbonique a lieu avec plus ou moins de rapidité pendant toute la vie des plantes, jour et nuit, à l'ombre comme à la lumière, par les surfaces vertes comme par les surfaces foncées ; la source de ce gaz est dans les matières organiques absorbées en excès par le végétal et dans celles qui sont emmaganisées parmi les tissus. Toute plante peut donc être regardée comme un réservoir de force : cette énergie reste à l'état latent dans les principes immédiats, construits à l'aide de principes plus simples ; elle repose et dort aussi dans les germes. La vie sort de ces derniers comme la chaleur de la

houille qui se consume : germes et principes immédiats
sont comparables à des ressorts tendus qui, à un moment donné, peuvent se détendre. La vie du germe
n'estp as une vraie création ; elle est comme un écho,
une parcelle ou plutôt comme la suite d'une vie antérieure.

Ainsi que la graine, l'œuf renferme déjà sa nourriture emmagasinée ; mais la force vitale trouve dans le
règne animal des emplois plus variés. Examinons, par
exemple, un insecte. La larve qui sort de l'œuf est d'abord
très-vorace, on la voit grossir avec une grande rapidité ;
mais après avoir absorbé gloutonnement les principes
matériels de ses métamorphoses futures, elle entre bientôt dans un état de torpeur; les matériaux rassemblés
par la larve servent de pabulum à la nymphe ; par
leur décomposition, leur mouvement rétrograde, ils
fournissent la force nécessaire à la formation de nouveaux organes sensitifs et moteurs. Enfin, apparaît l'insecte parfait, qui le plus souvent épuise son activité dans
l'acte de la reproduction et meurt après avoir perpétué
son espèce. La chaleur directe, en premier lieu, et, en
second lieu, la chaleur mise en liberté par la nutrition,
entretiennent donc sans cesse les forces qui sont nécessaires à l'animal. Celui-ci, dans tout le cours de son
existence, consomme en quelque sorte l'énergie mécanique ensevelie dans le monde végétal ; il est comme un
alambic où se dissocient toutes les combinaisons ternaires et quaternaires, que le soleil compose avec l'air,
la terre et l'eau. Pendant cette lente et continuelle
destruction, l'énergie qui devient libre se dépense dans

l'organisme en mouvements de toute espèce. Réciproquement, tout mouvement des appareils nerveux et moteurs entraîne la désintégration d'une portion de leurs tissus ; on trouve les produits immédiats de cette décomposition dans les sécrétions diverses du corps, dans la transpiration, dans l'urine, dans les gaz expulsés des poumons.

La chaleur de l'incubation, et plus tard ce qu'on pourrait nommer la chaleur chimique, c'est-à-dire celle qui résulte de la désintégration des principes immédiats et du phénomène respiratoire, voilà donc les sources où l'animal puise de l'énergie. Cette énergie suffit à tous les besoins du système nervo-moteur ; elle est nécessaire à l'activité consciente du cerveau comme à l'activité inconsciente des autres organes nécessaires à la vie. La consommation de force est bien plus rapide chez l'animal que chez le végétal ; et plus l'animal a besoin de force, plus sa nourriture doit avoir une formule chimique complexe, car la décomposition graduelle d'une substance met d'autant plus de chaleur en liberté que cette substance renferme plus d'éléments combinés. La vie de l'animal peut être considérée comme une continuelle oxydation ; ce qu'il consomme pour ses propres tissus n'est rien en comparaison de tout ce qu'il détruit pour entretenir son énergie. Le règne végétal est nécessaire au règne animal. Une grande forêt nourrit directement ou indirectement tous ses habitants, les carnivores comme les herbivores ; et la forêt elle-même est nourrie par la terre et le soleil.

Il est impossible d'expliquer les phénomènes vitaux par

le simple jeu des forces physiques et chimiques; il semble
également impossible de considérer les forces vitales
comme absolument indépendantes des forces physiques
et chimiques. Les premières sont-elles purement et simplement une transformation des secondes, comme la
chaleur est une transformation de l'électricité, ou l'électricité de l'affinité chimique? C'est vers cette conclusion
qu'inclinent aujourd'hui les physiologistes : ils ne disent
point que la force vitale soit la même chose que l'électricité, l'affinité, etc., pas plus qu'ils ne s'aviseraient de
prétendre que la chaleur et la pesanteur sont une seule
et même force; mais ils admettent que l'énergie vitale est
une métamorphose des forces vives que la physique et la
chimie apprennent à mesurer. En tant que puissance
motrice, on ne saurait guère séparer la vie des autres
forces qui produisent le mouvement : la dynamique
n'admet point de catégories pour les forces, elle embrasse tous les mouvements, visibles ou invisibles, rapides ou lents; d'ailleurs, si le nombre et la nature des
mouvements possibles d'un point est infini, l'idée de
force est simple et ne peut se dédoubler. A ce point
de vue, et bien que l'on ne sache en aucune façon quelles
lois règlent la conversion des mouvements calorifiques,
électriques, chimiques, etc., en mouvements vitaux, il
semble qu'on ait le droit de placer la vie au terme de la
série que nous avons parcourue : gravité, chaleur, magnétisme, affinité. Mais la vie ne nous apparaît pas seulement comme un mouvement, elle est aussi une *forme*.
Si l'on appelle force tout ce qui cause le mouvement, la vie
est une force; toutefois ce qui est la cause du mouvement

suffît-il à déterminer aussi la forme? Si ces deux éléments n'étaient pas absolument dépendants, il y aurait
dans la vie quelque chose d'autre qu'une force, un je ne
sais quoi pour lequel les langues n'ont pas encore de
nom et qui se révélerait seulement dans ces caractères
extérieurs, à l'ensemble desquels nous attachons le nom
d'espèce.

La force! la forme! ces deux termes assurément sont
aussi intimement liés que l'ombre et la lumière : un
objet ne peut changer de forme, s'il ne subit l'action
de quelque force. Mais si haut que nous remontions,
nous retrouvons des formes en même temps que des
forces. Jamais la substance n'a pu être absolument homogène dans sa structure d'une extrémité à l'autre de
l'infini; car rien n'aurait pu la tirer de cette homogénéité; et, si la matière a toujours été hétérogène, la
forme de ses parties, bien que dépendant dans ses transformations de l'action des forces, peut être considérée
comme renfermant quelque chose d'essentiel, de primitif.
A côté du principe de la *persistance de la force*, il faut
inscrire le principe de la *persistance de la forme*. S'éton-
ne-t-on de voir l'acide silicique, ou le chlorure de sodium
cristalliser toujours dans le même système géométrique?
Ne serait-il pas plus surprenant de voir un reptile sortir
de l'œuf d'un oiseau que d'en voir sortir un oiseau semblable? Il y a dans les formes quelque chose de semblable
à ce que l'on nomme l'inertie dans les masses : un corps
ne peut ni retarder, ni accélérer lui-même sa vitesse;
les formes restent fidèles à certains types, et ne s'en détournent que par contrainte.

Le monde inorganique, où règnent solitairement les forces physico-chimiques, a ses formes spéciales; le monde organisé, où les forces vitales sont souveraines, a les siennes : plus les forces vitales deviennent énergiques, plus les formes deviennent spécifiques et originales. Notre temps, il est vrai, a été obligé de réformer la définition de l'espèce ; il n'a pu la maintenir dans son ancienne rigidité. A une vitalité basse et dégradée correspondent des figures simples, élastiques, capricieuses ; à une vitalité élevée, des figures complexes, fixes, presque invariables. Mais si disposé qu'on puisse être à accorder aux moules où s'informe la vie une certaine plasticité, il faut reconnaître que ces moules existent, qu'il y a dans le monde organique un plan, des traits généraux, des analogies, des types permanents dont les êtres ne sont en quelque sorte que des ébauches successives. Ceux qui regardent les espèces comme invariables et comme éternelles, aussi bien que ceux qui les considèrent comme capables de varier dans le cours sans fin des âges, assoient aujourd'hui leurs théories sur le fait de la transmission des caractères par voie d'hérédité. Or, qu'est-ce que l'hérédité? C'est la persistance des formes organiques à travers les générations. De nouvelles molécules matérielles passent sans cesse à travers l'individu sans l'altérer dans ce qu'il a de fondamental ; de même les individus passent, si l'on me permet le mot, à travers le moule de l'espèce. Le principe conservateur de l'hérédité est sans cesse en lutte contre les forces physiques et chimiques, contre les influences de tout genre qui entourent tout être animé ; il passe de germe en germe, et relie par sa trame cachée toutes les parties de ce tableau merveilleux dont les couleurs brillantes éblouissent et troublent nos regards. L'histoire du monde est la lutte perpétuelle de la forme et de la force.

# VII

## CONCLUSIONS.

Me voici arrivé au terme du chemin que je voulais parcourir. Le principe de la corrélation des forces m'a conduit jusqu'aux premières avenues de ce labyrinthe au centre duquel s'enferme le mystère de la vie. Je tenterai un jour de m'y engager et de traiter au moins quelques-unes des principales questions qui se rattachent à la naissance et au développement des formes organiques. Pour le moment, retournons-nous en arrière et contemplons le monde, borné seulement aux forces physiques et chimiques, tel qu'il pourrait nous apparaître, si une main toute-puissante nous avait jetés sur la planète encore inhabitée. Les phénomènes où nous intervenons nous-mêmes nous passionnent toujours plus vivement que les autres; en face de la nature animée, des métamorphoses de l'existence organique, des mystères de la génération et de l'hérédité, du problème de nos propres origines, de l'histoire de notre race, la curiosité s'inquiète plus vivement.

Mais la science ne choisit pas les question que lui pose le sphinx éternel : elle ne peut les résoudre qu'une à une et dans un certain ordre. Elle voudrait toujours retourner à l'homme, et il lui faut sans cesse s'en éloigner. Il est peut-être bon qu'il en soit ainsi ; nous ne sommes pas assez désintéressés quand il s'agit de nous-mêmes et de notre propre nature : il est utile que nos regards se détournent quelquefois sur cet univers sans limites dont la majesté écrase notre orgueil et dont l'éternité défie nos éphémères passions.

L'homme se flatte volontiers de la pensée que s'il disparaissait de la grande scène où il passe comme témoin en même temps que comme acteur, l'univers entier serait comme décoloré, et deviendrait je ne sais quel chaos indéterminé, sans traits, sans contours, sans qualité d'aucune sorte. La lumière, il est vrai, ne pourrait exister comme qualité, si nul organe n'en recevait plus les traits rapides et ne les transformait en sensations ; mais le mouvement lumineux serait-il anéanti si la mort venait d'un seul coup clore toutes les paupières ? Le spectacle serait-il détruit parce qu'il n'y aurait plus de spectateurs ? Le soleil serait-il refroidi parce que nous ne chercherions plus ses bienfaisants rayons, ou parce que la dernière mousse aurait expiré sur quelque sommet glacé ? Supprimez l'être vivant, et la lumière, la chaleur, l'électricité n'en continuent pas moins à exister comme mouvements. Leur règne est éternel, leur royaume universel ! Au lieu que le règne de l'homme n'a encore duré qu'un jour, et que son royaume est un point dans l'espace infini.

Toutes les propriétés que nous constatons dans la substance se résolvent, en dernière analyse, en mouvements, sauf les propriétés géométriques. La métaphysique ne saurait donc dépouiller la substance, ni du mouvement, ni de la forme; réduite au repos absolu ou à une homogénéité qui exclurait toute limite et toute spécification, celle-ci nous échappe entièrement et devient un véritable néant. La philosophie a trop longtemps cherché à mettre la main sur ce je ne sais quoi qu'elle nommait *substance* et qu'elle envisageait comme une matière inerte, plastique, indifférente, capable de recevoir docilement toutes les formes. Nous n'avons pas le droit de dépouiller, d'appauvrir la nature. Chaque science particulière peut en étudier certaines parties de préférence, tenter d'y surprendre des éléments isolés; mais les sciences particulières ne sont que les branches d'une science générale à laquelle rien ne doit demeurer étranger. L'idée de substance échappe, comme l'eau fuit entre les doigts, aussitôt que l'on cherche à la séparer de l'idée de mouvement, et par conséquent de force, en même temps que de l'idée de forme.

Il est possible, sans doute, de construire, une science idéale qui associe quelques-uns seulement des éléments divers que nos abstractions détachent des phénomènes, le temps, l'espace, la force, etc. Une telle science, qu'elle emprunte ses principes, ses définitions, ses axiomes, à l'observation ou à la raison humaine, déflore pour ainsi dire les domaines où elle s'établit; mais elle trouve en revanche des richesses imprévues, elle ouvre à la pensée des territoires où l'observation directe n'au-

rait pu la conduire ; elle ajoute à toutes les vertus connues de la substance phénoménale une virtualité à peu
près indéfinie ; elle crée un monde possible à côté du
monde connu. Mais personne, le mathématicien non plus
que le naturaliste, celui qui joue avec les nombres, ces
images dernières et idéalisées de tout être, pas plus que
celui qui étudie le cerveau humain pour y chercher la
route obscure de la sensation, personne n'a le droit d'arracher à la substance, ou le mouvement, ou la forme.

La qualité ne se comprend plus sans un mouvement ;
et comme une multitude de mouvements échappent
à l'observation, il faut renoncer à connaître les qualités
correspondantes. Nous nous figurons presque instinctivement la matière comme quelque chose de lourd, de
solide, de résistant ; nous en portons dans notre pensée
une image toute terrestre et grossière, et l'esprit a besoin de faire un violent effort pour se représenter
une substance capable d'une infinité de mouvements, et
investie, par chaque mouvement particulier, de propriétés ou de qualités différentes. L'atome, ainsi envi-
sagé, devient un véritable protée, capable de toutes les
métamorphoses : ôtez-lui le mouvement, il n'est rien ;
donnez-lui le mouvement, il est tout. Qui assignera une
limite au nombre des déplacements possibles d'un
corps? La matière apparaît donc forcément comme
douée virtuellement d'une richesse inépuisable de qualités. Quand le savant l'a déclarée pesante, lumineuse,
électrique, etc., il croit peut-être l'avoir suffisamment
définie et décrite; mais quoi! il n'a encore rien dit. Sa
science n'a saisi qu'un maigre squelette, qu'un fantôme

de la nature; asservie par la pauvreté de la nature humaine, par l'infirmité de quelques sens grossiers et maladroits, elle reste à la superficie des choses sans jamais pouvoir y pénétrer.

Les discussions sur la substance semblent oiseuses et vraiment chimériques, dès qu'on arrive à considérer ses propriétés comme liées d'une manière essentielle au mouvement. La philosophie naturelle devient alors une simple dynamique, non pas une dynamique qui n'appliquerait que des forces idéales et sans corps à des points sans étendue, mais une dynamique vivante, où les forces sont les actions perpétuelles et changeantes de tous les éléments naturels les uns sur les autres. Ces actions sont réglées par des lois qui demeurent invariables au milieu des phénomènes éphémères, et qui sont, on peut le dire, les *êtres* par excellence, car seules elles demeurent, tandis que tout passe et flue éternellement. Les lois scientifiques sont quelquefois mises en défaut, *la loi* ne saurait l'être. Nos formules n'en sont que des reflets obliques, des images mutilées. Nous ne pouvons jamais saisir la loi dans son infinie grandeur, dans sa majestueuse unité; heureux quand il nous est permis de la surprendre dans quelques-unes de ses applications et de la traduire dans nos langues et nos symboles !

Notre époque a eu pourtant plus vivement, plus profondément qu'aucune autre, le sentiment de la loi universelle. Cette foi dans l'ordre, dans l'harmonie, dans l'éternité des forces qui se jouent dans le monde, respire dans les littératures modernes, dans leur poésie rêveuse et tout empreinte de naturalisme, dans les œuvres laborieuses de la critique, qui suit l'influence des races, des climats, de toutes les circonstances extérieures à travers la confuse histoire de l'humanité, et surtout dans les grandes constructions philosophiques qui ont illustré notre temps. Les grandes découvertes se sont succédé avec tant de rapidité depuis cent ans, et ont tellement agrandi le champ des connaissances humaines, que l'esprit scientifique a forcément fait irruption dans toutes les directions, et a envahi jusqu'aux domaines où l'on pouvait s'attendre le moins à le voir pénétrer. L'idée de loi, de règle est devenue plus familière à ceux mêmes qui voudraient s'en défendre, et de plus en plus elle le deviendra : elle n'ôte rien au monde de son charme et de sa poésie ; loin d'enlever aucun attrait à tant de merveilles, elle nous laisse apercevoir des merveilles nouvelles derrière celles que d'abord saisissent nos regards. La science moderne est capable de satisfaire, que dis-je ? de lasser les imaginations les plus affamées du grandiose, de l'étrange, de l'imprévu. Si elle nie le miracle, c'est pour nous présenter un monde qui est lui-même un perpétuel miracle. Elle repousse les exceptions, et, placée en face d'un phénomène qui contredit ses formules, elle n'hésite pas à briser son œuvre et à chercher une nouvelle règle plus simple, plus compréhensive, où disparaisse toute anomalie. Plus qu'en elle-même, elle a foi dans l'éternité de la loi, dans l'éternité de la force et des éléments que celle-ci entraîne à travers de continuelles métamorphoses.

Sitôt qu'on est conduit à considérer l'univers comme livré à l'empire d'une force universelle, et sujet à de

perpétuelles variations, on ne peut plus, sans faire violence aux faits, poser la pensée philosophique en face
de je ne sais quelle essence, répandue dans l'espace
infini, homogène, dépourvue de toute qualité, de toute
détermination. L'immutabilité, l'unité, ne gisent que dans
la loi; les manifestations sont soumises à d'éternels
changements. Or, dès que l'idée d'hétérogénéité s'ajoute
à celle de substance, on voit apparaître avec elles les
idées du nombre et de la forme.

L'homogène est sans limites, sans linéaments; l'hétérogène a des contours qui varient plus ou moins rapidement, et qui, à chaque instant, peuvent être fixés
et définis. L'esthétique étudie, saisit, compare ces formes tout comme la dynamique suit la force universelle
dans ses transformations sans fin. La forme et la force,
voilà les deux termes suprêmes de la science humaine, les
racines inaccessibles par où elle plonge et dans l'espace
et dans le temps. Si elle pouvait relier toutes les variations de l'une aux variations de l'autre, elle aurait saisi
le secret de l'univers. Mais notre esthétique humaine
n'a saisi, je l'ai montré, que quelques lambeaux de
l'esthétique universelle. Les moules simples et presque
inflexibles de notre pensée ne peuvent s'ouvrir qu'à un
nombre limité d'impressions : ainsi, les oreilles du sauvage ne goûtent qu'une musique monotone et sans art.
L'étude des formes, ou, si l'on aime mieux, la géométrie
naturelle, est encore à l'état d'enfance. L'analyse a à
peine pénétré ce vaste domaine; elle a seulement tracé
les courbes que suivent les grands corps célestes; elle a
mesuré le cristal, compté ses facettes et ses angles sans

pouvoir expliquer les lois merveilleuses auxquelles est
soumise ce qu'on pourrait appeler l'architecture inorganique ; mais elle n'a pas encore abordé l'étude des formes
vivantes. Si nous ne connaissons qu'imparfaitement les
forces qui font circuler les atomes dans l'être organisé,
qui bâtissent ses fragiles tissus, qui entretiennent le jeu
de ses fonctions, nous connaissons moins bien encore
les lois qui assurent la permanence ou qui règlent les
variations des formes, qui fixent momentanément cette
image idéale qu'on nomme l'espèce, qui limitent les
difformations mêmes et les monstruosités par des bar-
rières infranchissables, qui rattachent par mille liens
invisibles la fonction à l'organe, la destinée des êtres à
leur figure, le rôle des innombrables acteurs de la création au masque que la nature leur impose.

La puissance secrète de la forme se fait sentir partout
où nous portons les regards ; que ce soit sur les soleils
lointains qui nous envoient leur pâle lumière, ou sur la
fleur qu'effeuille notre main distraite : le monde est un
spectacle en même temps qu'il est un drame. Supprimez
toute figure, toute spécification, tout groupement déterminé, que restera-t-il ? Une sorte de poussière atomique,
sans consistance, emportée à travers l'infini au gré de
forces insaisissables. Tant que la philosophie était la
sœur aînée des mathématiques, au temps des Descartes,
des Leibnitz, des Spinoza, elle était restée une simple
mécanique ; aujourd'hui les penseurs qui gravissent
les sommets les plus aigus de la métaphysique, ne traversent plus seulement, pour y arriver, les froids et sévères domaines des nombres et des symboles. Les sciences

naturelles les retiennent longtemps dans leurs champs fertiles et leurs paresseux dédales ; avant de se porter sur l'absolu, sur l'infini, leurs regards ne se détournent plus si vite de tant de richesses autrefois dédaignées ; leurs mains ne repoussent plus l'être vivant comme un vil automate. L'ancienne philosophie laissait debout, en face l'un de l'autre, ces deux termes, matière, pensée, sans pouvoir les réconcilier ; malgré toutes les tentatives faites pour les rejoindre à l'aide de quelque principe intermédiaire, ils demeuraient en présence, dans un état d'opposition éternelle. Les sciences naturelles ont cherché à leur tour à combler cet abîme ; elles ne séparent plus la vie de l'être vivant, la pensée de l'être pensant, la loi universelle de l'univers lui-même. En suivant leur guide, la philosophie moderne est peut-être, en réalité, plus idéaliste que la philosophie du XVIIᵉ siècle, car cette dernière se préoccupait trop obstinément de la substance. Si elle isolait la pensée de la matière, c'est qu'elle considérait en réalité la pensée comme une sorte d'essence particulière, différente de l'essence corporelle, comme un je ne sais quoi, plus noble, moins terrestre, moins grossier. Aujourd'hui, la philosophie renonce à rechercher le substratum des phénomènes, elle n'en recherche que la loi ; elle poursuit l'idée éternelle et divine dont les phénomènes sont la manifestation toujours changeante. Elle peut rejeter comme inutiles les discussions relatives à l'unité ou à la variété de la substance, elle n'est même pas forcée de regarder l'atome comme plus indestructible que les corps qu'il sert à composer. Ce qui est permanent et nécessaire, ce qui a toujours été et qui toujours sera,

c'est la loi. Elle ne fait point partie des corps, mais c'est
par elle qu'ils sont ce qu'ils sont ; elle crée incessamment
l'univers et le développe à travers l'infinité de l'espace et
l'infinité du temps ; elle marie les éléments et les sépare ; elle conserve et détruit ; elle rejette les organismes vivants dans l'abîme inorganique, et choisit dans
cet abîme les frêles combinaisons qui lui servent à construire ses ouvrages les plus parfaits en même temps que
les plus éphémères.

De cette loi universelle, qui est comme l'âme du
monde, nous ne connaîtrons jamais que des fragments ;
la science nous mène toujours un peu plus près de la vérité, mais plus nous approchons, plus nous demeurons
convaincus que nos bras ne peuvent embrasser l'image
toujours grandissante. Nous pouvons changer de point
de vue : quelque chose toujours nous échappe. La
découverte de la corrélation des forces a, comme d'un
coup de baguette, changé l'horizon entier des sciences ;
elle a, de toutes parts, fait surgir des perspectives nouvelles, mais ce grand principe n'a encore porté presque aucun de ses fruits. Nous sommes à peine assurés de
l'équivalent mécanique de la chaleur ; nous ignorons celui
de la lumière, celui du magnétisme, celui des affinités chimiques ; nous faisons peut-être fausse route en rappor-
tant tous les mouvements matériels à la grossière unité du
kilogrammètre ; nous en sommes réduits à de pures con-
jectures, à de simples analogies, quand nous rattachons
les forces vitales aux forces physico-chimiques. Puis en
dehors de la dynamique, que de problèmes ne nous offre
pas l'étude des formes ? Notre esthétique s'égare encore,

ou dans les détours sans issue de la rêverie, ou dans ce monde glacé et insaisissable de la géométrie idéale. Entre les stériles délices de la contemplation et les satisfactions sévères d'une logique solitaire, elle ne sait encore où prendre racine, où se fixer. N'importe! Contentons-nous, pour le présent, d'en goûter les harmonies sans pouvoir les analyser. Ne nous méfions point de la raison, car les éclairs qui l'illuminent ne sont que les reflets de la lumière lointaine du divin; abandonnons-nous de même en toute confiance aux émotions vagues et pourtant si douces que suscite en nous le spectacle du monde et de ses formes, ou mobiles, ou constantes.

Sereines harmonies! calme des nuits étoilées! parfums silencieux des fleurs! Ombres croissantes du soir, qui descendez sur la terre comme un manteau! Esprits des solitudes, qui flottez doucement sur les grèves plaintives et sur les hautes mers, dans l'air raréfié des cimes alpestres ou dans les détours incertains des bois, vous m'avez aussi souvent parlé de Dieu que tout ce qui vit et s'agite autour de moi; aussi souvent posé le problème de nos destinées que la curiosité de ma pauvre âme inquiète; vous m'avez appris le renoncement mieux que les livres et les docteurs. Je ne reviens pas seulement à vous quand je suis las du monde, de ses luttes vaines et de ses passions vulgaires, quand je sens le besoin d'incliner ma tête sur le sein immobile de l'éternelle nourrice. Je vous consulte encore quand je désespère de trouver la vérité, à ces heures où le doute s'élève devant la pensée comme une flamme subtile et voltigeante, lorsqu'à force de creuser l'énigme de la vie, de l'âme, de l'être, je sens mon esprit s'obscurcir et se perdre dans une nuit sinistre, traversée seulement d'éclairs subits et d'incertaines lueurs.

**FIN**

# TABLE DES MATIÈRES

www.ingramcontent.com/pod-product-compliance
Lightning Source LLC
Chambersburg PA
CBHW070351090426
42733CB00009B/1378